반농반X로 살아가는 법

HANNOU HAN "X" TOIU IKIKATA JISSEN HEN

© 2006 by Naoki Shiomi
Original Japanese edition published by M−ON! Entertainment Inc.
Korean translation copyrights © 2019 by THE FOREST BOOK Publishing Co.
Korean translation rights arranged with M−ON! Entertainment Inc.
through The English Agency (Japan) Ltd. and Eric Yang Agency Inc.

· 모든 각주는 옮긴이 주입니다.
· 이 책에 소개된 도서 중 국내 미출간된 도서의 원서명은 참고문헌으로 정리했습니다.
· 원서의 '사토야마'라는 표현은 문맥에 맞게 '시골' '시골 마을'로 번역했습니다.

반농반X로 살아가는 법

시오미 나오키 지음 | 노경아 옮김

더숲

반농반X는 삶의 혁명

　어떤 환경에서 살아갈 것인가, 어떤 일을 천직으로 삼고 살아갈 것인가? 극단적인 말일지도 모르지만, 다가올 시대에는 이 두 가지가 가장 큰 국가적 과제이자 개인적 과제가 되지 않을까? 그런 생각이 날로 강해진다. 이 두 문제를 동시에 해결할 만한 아이디어가 없을까? 나는 20대 후반부터 그 답을 찾아왔다. 그 결과 떠오른 아이디어가 반농반X(X=천직)다.

　반농반X란 지속 가능한 작은 농업을 실천하고 세상을 위해 타고난 재주인 X를 활용하면서 사회적 문제를 해결하는 삶을 말한다. 이 생각을 전파한 지도 벌써 10년이 흘렀다. 전작『반농반X의 삶』도 그런 삶이 가능한 사회를 실현할 방법을 모색한 책이었다.

확실히 요즘 들어 우리의 생활 방식, 삶의 방식이 크게 달라지고 있는 듯하다. 독자들도 '반농반X는 단순한 이상이 아닌 매우 현실적인 사고방식이다.' '반농반X는 다가올 시대에 필요한 사고방식 중 하나라고 생각한다.'와 같은 감상을 메일로 많이 보내주었다. 먼 곳에 사는 독자가 내가 사는 교토부 아야베 시까지 찾아오기도 했다. 여름방학 숙제로 내 책의 독서 감상문을 쓰겠다고 한 중학생도 있었고, 반농반X를 졸업 논문 주제로 삼고 싶다던 대학생도 있었다.

도시 계획이나 건축 기획의 주제로도 반농반X가 활용된다고 한다. 도호쿠 지역에서는 반농반X를 주제로 도호쿠의 가능성을 연구한 책까지 출판되었다. 2005년 1월에는 〈아사히신문〉에 베이비붐 세대의 미래에 관한 특집이 실렸는데, 그 기사의 눈에 띄는 표제어 '반농반X'가 21세기의 인생의 방향, 삶의 방식을 시사했다. 또 NHK TV 〈이웃의 저력〉에서는 반농반X가 생활 방식의 대안으로 전국에 소개되기도 했다.

『반농반X의 삶』에서는 '사명 다양성'이라는 개념이 특히 큰 반향을 일으켰다. 사명 다양성을 풀어 설명하자면 누구에게나 X가 있고 모두가 그것을 찾고 있다는 개념이다.

나에게 "어떻게 X를 찾나요?"라고 묻는 사람이 많다. 나도 강연 때마다 농지 찾기는 쉽지만, X 찾기는 어렵다는 말을 한다. 하지만 X란 동화 속 파랑새나 어릴 적 보물찾기의 보물처럼 의외로 가까운 곳에 있는 법이다.

어떤 사람들은 먼저 농사꾼이 된 후 자신의 X를 인식하기 시작한다. 원래 자기 삶에 농업을 새로 추가하는 사람도 있다. 나고 자란 동네를 부흥하겠다며 전원이 아닌 도시에서 반농반X를 지향하는 사람도 있다. 물론 전원에서 반농반X를 실천하는 사람도 많다. 이들은 자신의 삶과 사회를 결부하고, 좋아하는 일(하고 싶은 일)을 무기 삼아 개인과 사회가 직면한 문제를 해결하기 위해 자신만의 X를 표출하기 시작한 사람들이다. 이 책에 그런 다양한 형태의 반농반X를 소개했으니 '아, 이런 것도 X가 되는구나'라고 생각해준다면 기쁘겠다.

특히 이 책에서는 X를 강화하는 데 무엇이 중요한지를 집중적으로 이야기했다. 나는 반농반X의 사상을 전파하면서 자신의 X를 찾는 사람이 무척 많다는 사실을 알게 되었다. 그래서 이 책에 꿈을 점검하는 방법을 소개했다. 독자 여러분도 그 방법을 실천하며 자신의 X를 찾기 바란다.

성경에는 '남에게 준 것만 하늘에 가져갈 수 있다'라는 교훈이 있다. 자신의 자원을 아낌없이 나누자. 우리는 이제 '기브 앤드 셰어Give and Share'라는 공유 시대를 열어가야 한다. 그럴수록 모두가 행복해질 것이다. 타고난 재주를 세상에 나눈다는 말도 그런 뜻이다.

이 책에서는 다른 사람들이 반농 능력을 어떻게 길렀는지, 그 구체적인 사례를 다루었다. 또 많은 사람의 궁금증에 답하고자 농사와 X의 관계를 다시 한번 정리함으로써 반농반X가 단순한 전원생활과 어떻게 다른지도 명확히 밝혔다.

작은 농사를 하다 보면 인간 외의 생명(삼라만상)을 배려하는 '센스 오브 원더Sense of Wonder' 즉 자연에 대한 신비감과 경외감을 알아채는 감성이 길러진다. 그런 감성을 유지하면서 천직을 수행하고 느린 혁명을 이룰 사람을 하나라도 더 늘리는 일이 점점 중요해지고 있다. 좋아하는 일을 무기 삼아 느린 혁명을 이루자. 이 책이 독자 여러분의 삶에 작은 혁명을 일으키는 새로운 바람이 되기를 바란다.

반농반X의 가능성을 10년간 모색해온 지금, '이 길을 걸어도 될지 모른다'는 가설은 확신으로 돌아섰다. 그러므로 지금 누구든 내게 어떻게 살면 좋겠느냐고 묻는다면, 반농반X로 살라고 자신 있게 대답할 것이다.

아침 추위 속에서
반농반X 연구소 대표 시오미 나오키

차
례

제1장 반농반X는 무엇을 지향하는가
사회적 사명을 다하고 인간성 회복을 추구하는 라이프스타일

제2장 즐겁고 풍요롭게! 반농 능력 기르는 법
수작업 능력·자급 능력·자기방어 능력으로 새로운 세상 열기

제3장 나의 X-사명 다양성 사회를 추구하다
'좋아하는 일'을 사회에 환원하는 방식에 관하여

제4장 반농반X로 살아가는 사람들 - X는 사람 수만큼 다양하다
시골에서나 도시에서나! 다양한 반농반X의 실제 사례

제5장 **X, 어떻게 찾고 실천할까?**

천직 발견을 위해 꿈을 점검하는 나의 방법

반농반X는
무엇을 지향하는가

사회적 사명을 다하고
인간성 회복을 추구하는 라이프스타일

반농반X와 전원생활, 어떻게 다를까?

반농반X와 전원생활의 차이점이 무엇이냐고 누군가 물을 때마다 나는 이렇게 대답한다.

"전원생활의 무대는 전원이어야 하지만, 반농반X의 무대는 전원이 아닌 도시여도 괜찮습니다."

생각해보면 반농반X는 언제 어디서나 실천할 수 있는 라이프스타일이다. 설사 고층 아파트에 산다 해도 상관없다. 반농반X의 삶은 전원에서만 누릴 수 있는 것이 아니다.

반농반X란 지속 가능한 농업이 있는 소규모 생활을 유지하면서 타고난 재주(개성과 능력, 특기)를 사회에 나누고 천직(X)을 수행하는 삶의 방식, 생활 방식을 말한다.

반농반X의 특징 중 하나는 X의 사회성이다. 반농반X와 전원생활의 결정적 차이는 사회적 사명을 자각하느냐 못 하느냐에 있다. 즉 반농반X는 스스로 쌀이나 채소 등의 농작물을 길러 안전한 식재료와 자연이 주는 영감을 얻고, 동시에 개성을 살린 자영업에 종사하여 사회에 도움이 됨으로써 일정한 생활비를 버는 균형 잡힌 삶의 방식이다. 돈이나 시간에 쫓기지 않고 정말로 중요한 일에 집중하며 인간성을 회복하는 라이프스타일이기도 하다.

반X의 X는 사회적 사명(임무)으로, 자신의 개성, 특기, 장점, 역할, 가능성을 살려 사회에 무언가 공헌하는 것을 말한다. 즉 좋아하는 일, 진심으로 하고 싶은 일로 사회에 도움을 주고 그 대가로 생활 수입을 얻는 것이다. 나는 이 라이프스타일을 21세기의 개인 전략이라고 표현한다. 반농반X는 이 시대를 헤쳐나가기 위한 강력한 전략이다.

그러나 전략이라고 해서 타인을 앞지르거나 다른 생명에 부담을 주는 것은 아니다. 반농반X는 자신도 가족도 사회도 지구도 만족하는 삶의 방식, 생활 방식을 지향한다. 다시 말해 미래 사회가 조금이라도 멋지게 변화하도록 3H_{Hand, Head, Heart}를 가지고 즐겁게 변혁해나가는 라이프스타일이라 할 수 있다. 이처럼 낡은 듯하면서도 새로운 삶의 방식을 선택하는 사람이 조용히 늘어나는 추세인데, 여러분은 어떻게 느끼는가?

X는 사람의 수만큼 다양하다. 반농반예술, 반농반NPO, 반

농반사회사업, 반농반요양, 반농반요리연구, 반농반학교상담 등, X는 그야말로 무한하다. 반농반X의 삶을 사는 사람은 자신만의 방식으로 크든 작든 사회적 문제를 해결하려 한다. 따라서 반농반X란 라이프스타일의 형태를 띤 사회적 해법이라고도 할 수 있다.

전원생활이라고 하면 은거하거나 유유자적하는 제2의 인생을 떠올리기 쉽다. 그러나 반농반X는 20세기가 못다 푼 다양한 문제를 개인이 미력하게나마 해결하는 전략이자 사회에 도움을 주기 위한 삶의 전략이다. 전략으로서의 삶의 방식, 그것이 반농반X의 삶이다.

누구나 반농반X에 도전할 수 있다

겸업농가가 자신의 사명을 강하게 의식한다면 반농반X가 될 수 있다. 전업농가도 농업을 활용하여 자신의 X를 확장한다면 반농반X라고 할 수 있다. 마을 만들기에 적극적으로 참여하는 유력한 전업농가들이 그 좋은 사례다. 도시에 사는 사람도 집에 텃밭을 일구며 충분히 반농반X를 실천할 수 있다. 즉 반농반X에서 중요한 것은 농사에 들이는 시간도 경작하는 면적도 아니다.

겸업농가가 되려면 일정한 작물을 출하하여 돈을 벌어야만 한다. 그러나 반농반X는 반드시 무언가를 출하하지 않아도 된다. 반농반X의 키워드는 출하나 수입이 아니라 자급, 가족을 위한 농사, 수제품, 수작업, 건강, 지속 가능한 작은 농업 등이다. 일전에 지방에서 강연을 했을 때는 한 60대 여성으로부터 이런 질문을 받았다.

"반농반X는 엘리트들만 실천할 수 있나요?"

이 나라에는 아직도 좋아하는 일을 직업으로 삼을 수 있는 사람이 드물다. 그런 사람이 인구의 약 20퍼센트라는 글을 읽은 적이 있지만 희망적인 수치다. 분명 5명 중 1명도 되지 않을 것이다. 엘리트가 아니어도 얼마든지 X에 도전할 수 있다. 현실을 보면 대부분의 사람이 좋아하는 일로는 먹고살 수 없을 것 같아서 꿈을 뒤로 미뤄둔 채 사는 듯하다. 사람들이 반농반X를 실천하는 사람을 특별하다고 느끼는 것도 무리가 아니다.

그래서 환경을 생각하여 라이프스타일을 전환하는 것만큼이나 태도를 바꿔 천직에 도전하는 것이 중요하다. 즉 반농반X에는 두 가지 측면에서의 전환이 필요하다. 따라서 반농반X를 실천할 수 있느냐 없느냐는 개인의 의식에 달려 있다. 특별한 사람이란 그런 의식이 강한 사람을 가리키는 말일 것이다.

퇴직 후에 하고 싶었던 일을 실천하겠다고 말하는 사람이 많다. 그러나 그 말을 실제로 행동에 옮기는 사람은 20퍼센트에 불과하다.

나의 X, '사명 후원'이란 무엇인가?

나는 교토시에 살다가 서른셋에 아내, 딸, 아버지와 함께 고향인 아야베시로 돌아왔고, 그 후 가족이 먹을 양만큼만 농사를 지으며 반농반X의 가능성을 모색해왔다.

내 X 중 하나는 '사명 후원'이다.

풀어 설명하자면, 인구가 감소하고 고령화하는 아야베시를 사람의 활기가 넘치는 지역, 아야베시에 사는 사람뿐만 아니라 바깥 지역 사람들에게까지 매력을 느끼게 하는 특별한 곳으로 만드는 일이다. 이것은 매우 큰 과제지만, 아야베라는 지역이 사명을 이루는 데 도움이 될 만한 방법을 나 나름대로 생각하고 있다. 지역에도 나름의 천직이 있는 것이다.

아야베가 시市로 승격한 지 50년이 되던 2000년에 시카타 야스오 시장의 제안에 따라 사토야마네트* 아야베(대표는 교토대학

---

* '사토야마'는 지역 사람들의 생활과 밀접한 관련이 있는 마을의 산을 뜻하고 '네트'는 네트워크의 줄임말이다.

대학원 농학연구과 니야마 요코 교수)라는 조직이 탄생했다. 그리고 1999년 3월에 폐교된 내 모교에 그 사무국이 설치되었다. 사토야마네트 아야베는 '시골의 힘×소프트웨어의 힘×인재의 힘'이라는 3력力, 즉 미래 자원을 활용하여 시골 마을·농촌의 매력을 시 내외에 알리고 도농 교류(녹색 관광) 및 마지막 거처로서 아야베 정착을 촉진하는 등 21세기 아야베의 가능성을 모색해왔다.

사토야마네트 아야베는 아야베를 좋아하는 사람을 최대한 늘려서 아야베를 지속 가능한 경쟁력과 매력을 갖춘 독특한 지역으로 만들기 위해 다양한 사업에 도전하고 있다. 그 일원이 된 덕분에 나도 내 X를 발견하는 행운을 얻었다. 또한 사토야마네트 아야베의 활동은 줄곧 우리 집에 일정한 수입을 확보해 주었다.

2005년 7월 19일, 세월이 쏜살같이 흘러 사토야마네트 아야베가 탄생한 지 5년이 되었을 때 '5년간 내가 과연 도움이 되었을까?' 하고 자신에게 물어보았다.

나는 일단 21세기의 삶의 방식을 돌아보는 아야베 전원생활 초급 투어를 기획했다. 도시민을 위한 2박 3일 농가 민박 형식의 그룹 투어. 나는 일부러 이 투어의 이름에 '21세기 삶의 방식을 돌아보기 위한'이라는 긴 설명을 붙였다. 마음이 중요한 시대이므로, 같은 마음을 품은 사람이 참여하기를 바랐기 때문이다. 어떤 구호를 외치느냐에 따라 모이는 사람들도 달라진다. 메시지가 있느냐 없느냐는 매우 중요하다.

그러면서 농가 민박 제공자인 시바하라 기누에 씨(당시 69세)를 만나게 되었다. 시바하라 씨는 민박 시작을 계기로 자신의 집에 '지금 그대로'라는 이름을 붙였다. 그녀와의 만남은 내 인생을 바꾸어놓을 만한 영향력을 발휘했다. 시바하라 기누에 씨라는 빛을 발견한 일은 사토야마네트 아야베의 짧은 역사에서도 손꼽힐 만큼 중요한 사건이다.

마을 만들기의 성과는 결국 사람에게 달렸다. 종종 사람은 혼자서 아무 일도 할 수 없다고 말하지만, 나는 그때 어머니와 동년배인 시바하라 씨에게서 한 인간의 무한한 가능성을 보았다. 셀프 브랜딩Self–Branding이라는 말이 있다. 시바하라 씨는 굳이 그것을 추구하지 않고도 자연스럽게 자신의 브랜드를 구축했다. 민박의 사회적 사명을 발견하고 그 가치를 차근차근 높여나간 것이다.

내가 한 일이라고는 그 민박을 체험한 사람들의 마음을 글로 엮어 홈페이지에서 감상을 나누도록 도운 정도다. 체험자들에게 감상문을 써달라고 했더니 많은 사람이 원고료도 없이 글을 보내주었다. 그 작품들은 사토야마네트 아야베 홈페이지에 공개되어 있는데, 읽다 보면 다른 사람들도 '지금 그대로'에 묵고 싶어지는 듯하다. 그래서 또 다른 여행 감상문이 생겨나고 또 새로운 이야기가 태어난다. 그야말로 선순환이다.

젊은 세대는 자신을 탐색하고 싶어 한다. 그런 경향이 농가 민박에 딱 들어맞은 듯하다. 더하여 젊은이들은 여행의 경험과 감상을 표현하고 싶어 한다. 시바하라 씨의 집에서 농가 민박을 하는 사람은 대부분 20~30대다. 그것도 젊은 여성 혼자이거나 아이를 기르는 젊은 가족이 많다. 이것은 농가 민박의 특징 중 하나로, 매우 중요한 점을 시사한다. 이 세대는 『반농반X의 삶』의 독자층과도 거의 겹친다.

그리고 2001년 봄에는 사토야마네트 아야베의 공식 홈페이지를 완성했다. 사토야마네트 아야베는 아야베에 이미 존재하는 사람이나 소재로 21세기의 가치를 창조하는 것을 원칙으로 한다. 앞으로는 이런 방식이 최첨단이 될지도 모른다는 예감이 든다.

나는 4년 반 동안 매주, 친근한 소재로 글을 써서 사람들에게 보내주는 주간 메시지 활동을 지속해왔다. 또 추분, 동지 등 24절기(1년을 24등분한 음력 절기)에 맞춰 메일로 뉴스를 보내는 시골 생활 활동도 3년 반 동안 계속했다. 두 활동 모두 이미 있는 것에서 새로운 것을 만드는 일이다. 베이징의 나비 한 마리가 날갯짓을 하면 뉴욕에서는 태풍이 부는 나비 효과처럼, 지방의 작디작은 노력이 우리 사회를 기쁨으로 가득 채우는 힘으로 발전하기를 바란다.

앞으로 어떻게 살아야 할지, 그 길을 찾는 사람들이 매일 사토야마네트 아야베의 사무국을 찾아온다. 사무국이 설치된 구 도요사토니시 초등학교는 2005년 가을에 수리하여 숙박 가능한 시설로 다시 태어났다. 덕분에 아야베 여행이 더욱더 부담 없어졌다. 또 2005년 가을에는 NPO 법인화 절차를 밟았다. 사토야마네트 아야베도 점점 성장하고 있다. 나도 직원으로 일했던 지난 5년과는 다른 형태로 사토야마네트 아야베의 사명을 후원할 것이다.

미국의 경영학자 피터 드러커는 이렇게 말했다.

"NPO는 좋은 의도와 좋은 일을 하려는 의지만으로는 부족하다. NPO는 성과를 내서 세상을 변화시키기 위해 존재한다. NPO는 사명에 기초하여 목적을 달성하고 사회에 영향을 끼치는 조직이다. NPO에게 사명이란 존재 이유 그 자체다."

NPO를 생각하면 이 말이 항상 떠오른다. 앞으로는 각자에게 주어진 사명을 깨닫는 사람과 조직이 점점 더 큰 힘을 발휘할 것이다. 사토야마네트 아야베도 사회에 더욱 긍정적인 영향을 끼치는 조직으로 언제까지나 성장하기를 바란다.

X 탐색에는 시골 마을이 필요하다

내 사명 후원 활동은 지역 수준에서 개인 수준까지 다양한 영역을 다룬다. 개인 수준의 사명 후원이란 누군가 스스로 깨닫지 못한 X를 찾아 그것을 사회적 가치로 전환하도록 돕는 일을 말한다.

『반농반X의 삶』을 읽은 많은 사람이 시바하라 씨의 '지금 그대로'에서 농가 민박 체험을 한다. 지금도 그곳은 예약이 꽉 차 있다. 곁에서 지켜본 결과, 시바하라 씨에게는 농가 민박이 정말 천직인 듯하다. 69세에 천직을 찾다니 정말 멋진 일이다.

시골은 X를 찾는 자기 탐색에 안성맞춤인 공간이다. 나는 아야베시가 언젠가 방문하고 싶은 마음의 고향, 전설의 마을, 자기 탐색의 도시, 인생 탐구의 도시, 여행의 중심지가 되기를 바란다.

아야베시는 원래 관광과는 거리가 먼 곳으로, 교토부에서도 가장 관광객이 적은 지역에 속한다. 시내에는 여관이 즐비하지만 농촌 지역에는 숙박할 곳이 많이 없다. 앞으로 새로운 형태의 여행을 모색하느라 여관, 민박, 펜션이 아닌 새로운 숙박 장소를 찾는 사람이 많아질 것이다. 실제로 나 역시 수년 전부터 그런 여행을 꿈꾸었다. 그러다 오이타현 아지무 마을 등에서 시작된 농가 민박을 알게 되었다. 그것이야말로 미래 여행의 모습을 잘 보여주는 획기적인 도전이라고 느꼈다.

여행旅의 어원이 '他火*'라는 설이 있다. 이것은 다른 사람, 다른 장소의 빛(불)을 접하고 살아 있음을 실감하는 일이며 다른 지역의 장점을 배우고 고향의 장점을 되새기는 의미 있는 일이다. 농가가 자택을 개방하여 여행자를 묵게 하는 농가 민박에서 요즘 사라져가는 소중한 남의 불他火을 찾을 수 있다. '관광' 역시 유교 경전인 『역경』의 관국지광觀國之光에서 유래한 말로 '나라의 빛을 본다'는 의미인데, 빛光과 불火은 같은 뜻으로 볼 수 있다.

농사 체험 프로그램이 여기저기 널렸는데도 사람들이 굳이 농가 민박을 선택하는 이유가 뭘까? 젊은 여성들이 농가 민박에 관심을 보이는 데에는 어떤 의미가 있을까? 혹시 새로운 여행으로 자신을 탐색하고 싶은 걸까? 여행의 가장 중요한 요소로 꼽히는 것이 대화인데, 모두가 농가 민박에서 마음의 대화, 마음의 사귐을 찾는 것은 아닐까?

보통의 숙박업소에서는 손님과 주인 또는 직원이 사적인 이야기를 나누는 일은 흔치 않다. 아마 손님이 이야기를 하고 싶어도 주인이나 직원이 시간이 없어서 들어주지 못할 것이다.

---

* 다른 빛 또는 남의 불(他火)을 일본식으로 읽으면 '다비'. 여행(旅)도 '다비'로 읽는다.

그러나 농가 민박에서는 주인이 손님의 이야기에 귀를 기울여 하룻밤 만에 손님과 주인이 무척 친해진다. 농가 민박에는 신비한 힘이 있다. 또 농가의 주인은 상담사 역할을 겸하기도 한다. 이곳에서는 누구나 쉽게 마음을 열고 고민과 꿈을 이야기하게 된다.

나는 농가 민박의 손님에게 '이것저것 하려 들기보다 최고로 사치스러운 일(빈둥거리는 일)을 하라'고 권한다. 스케줄, 프로그램, 체험 메뉴를 벗어나 우연성을 즐겼으면 좋겠다. 농가 민박에 지내다 보면 바라는 대로 이루어질 것이다.

시바하라 씨는 손님들을 보면 '모두들 도시에서 사느라 지쳤구나, 열심히 살다왔구나'라는 생각이 든다고 한다. 시골집 다다미 위에 드러누워 낮잠을 자기만 해도 에너지를 듬뿍 충전할 수 있다. 무조건 느긋하게 쉬고 자신과 마주하는 시간을 갖기 바란다.

또 농가 주인에게 부탁하면 밭일을 포함한 이런저런 체험을 해볼 수 있다. 준비된 프로그램이 없어도 시골에서는 다양한 체험이 가능하다. 시골 마을에서의 치유와 자기 탐색에 도전해보자. 아무튼 농가 민박은 뜻깊은 보람을 줄 것이다.

나는 아야베의 시골 마을을 '여행자가 감상문을 쓰는 마을'이라고 부른다. 그런 마을이 이 땅에 하나쯤 있어도 괜찮다고 생각한다. 여행자는 대개 인터넷 세대라서 훌륭한 정보를 남과 공유하기를 즐겁게 여길 것이다.

직함은 스스로 정할 때 마음이 커진다

자신의 직함을 스스로 만드는 사람이 늘고 있다. 그런 조짐을 여기저기서 엿볼 수 있다. 이메일 소식지 컨설턴트, 목표 구체화 컨설턴트, 사이언스 프로듀서, 천직 발견 코치, 전원 이주 컨설턴트 등 독특한 직함도 종종 눈에 띈다. 심지어 세계기록 신청 컨설턴트, 눈사람 태양* 촬영가, 유머 치료사도 있었다. 그들이 하는 일을 상상하면 즐거워진다. 직함은 소속된 기업이나 상사에게 받는 것이라고 생각할지 모르지만 자신의 정체성을 드러내는 직함을 스스로 정하는 일은 재미있을 뿐만 아니라 심리적으로도 큰 효과를 발휘한다.

2004년 1월 4일, NHK TV 〈이웃의 저력〉에 반농반X가 소개되었다. 촬영 당시 하루는 우리 논에서 녹화를 했는데, 제작자는 우리에게 시청자가 단번에 알아들을 수 있도록 자신이 하는 일을 한마디로 표현해달라고 주문했다.

---

* 태양이 지평선 바로 위에 있을 때 수면에 그림자가 비쳐서 눈사람처럼 보이는 것을 가리킨다.

가와키타 다쿠야 씨는 "사진을 찍고 있습니다", 오이시 아케미 씨는 "자연 소재로 등불을 만들고 있습니다"라고 말했다. 나는 고민 끝에 "NPO 활동을 하고 있습니다"라고 나를 소개했다. 영상에서 반농반X에 관한 해설이 나중에 나와서 미리 반농반X 연구소를 운영한다고 말하기가 좀 곤란했기 때문이다. 그래서 반농반X 연구소를 NPO 활동이라고 바꿔 말했다.

이 경험으로 자신을 표현하기가 얼마나 어려운지 통감했다. 사진작가, 등불 작가, 지역 부흥 사업 계획가, 환경 활동가 등등. 역시 영어로 말하자면 '~er' '~ist'로 표현하는 게 쉽지 않을까? 나도 "연구원으로 연구에 힘쓰고 있습니다"라고 말할 걸 그랬다.

1995년 즈음 야쿠시마에 사는 작가 겸 번역가인 호시카와 준 씨의 저서에서 저자가 자신의 삶의 방식을 반농반저半農半著라고 표현한 것을 보았다. 반농반저란 친환경적 생활을 하면서 저술로 사회에 메시지를 전하는 삶의 방식을 말한다. 나는 이것이 분명 21세기 삶의 한 모델이 되리라는 생각이 들었다.

호시카와 씨의 X가 '저술'이라면 나의 X는 무엇일까? 그것을 찾기 시작했지만 내게 아무것도 없다는 사실을 깨닫기까지 그리 많은 시간이 걸리지 않았다. 기가 막혔다. 그래도 어쩌면 모두 나처럼 자신의 X를 찾고 있을지도 모른다는 가설을 세웠고, 해가 바뀌기 전에 반농반X의 개념을 만들어낼 수 있었다. 반농반X의 개념이 탄생했을 때 어떤 의미에서 내 자기 탐색은 끝났다. 반농반X를 전파한다는 나만의 천직, 평생의 할 일을 발견했기 때문이다.

그런데 평생의 할 일을 찾으면 자기 탐색이 끝난다니, 어딘가 이상하다. 오히려 그때부터 새로운 단계의 자기 탐색이 시작된다는 게 맞는 표현일지도 모르겠다. 평생 자신과 동행할 개념을 찾거나 만드는 것이 무엇보다 중요하므로, 하루빨리 자기 탐색을 시작하기를 강력히 추천한다.

연구소라는 이름을 동경하는 마음에서 내 사업의 상호를 '반농반X 연구소'로 정했다. 세상에 하나뿐인 상호다. 그리고 직함은 '반농반X 연구소 대표'로 정했다. 역시 세상에 하나뿐인 직함이다.

나는 이렇게 해서 세상에 하나뿐인 상호와 직함, 그리고 내가 지향할 곳을 가리키는 개념을 갖게 되었다. 그러자 '21세기에는 이런 방식이 적합할 것이니 그 노하우를 전파하고 싶다'라는 마음이 점점 커졌다.

시작하는 것만큼 기쁜 일은 없다

2005년 벚꽃이 필 즈음, 나는 마침내 불혹의 나이가 되었다. 반농반X라는 개념 덕분에 나는 앞으로도 흔들림 없이 걸어갈 수 있다. 중요한 것을 꼭 붙든 채, 흔들리지 않고 사명에 집중하며 뚜벅뚜벅 걸어가고 싶다.

이제는 내 후반생을 어디에 걸어야 할지가 보인다. 지금은 인생 100세 시대인 데에다 길면 120세까지도 살 수 있다고 하니 앞으로 남은 내 인생의 반을 허투루 보내지 않으려 한다. 그러기 위해서 요즘은 내 후반생의 과제를 사명 후원은 물론, 지속 가능한 생활을 하면서 사회적 사명을 완수하는 반농반X를 전파하는 일 등으로 압축하고 있다.

요시다 겐코吉田兼好는 『쓰레즈레구사』*에서 '가장 중요한 일을 심사숙고하여 정한 뒤 그 외에는 생각하지 말고 한 가지 일에 힘써야 한다'라고 말했다. 또한 여유로운 시간에 나 자신을 직시하며 중요한 일은 서두르려 한다. 말하자면 'Slow and Hurry'다.

남아프리카공화국에서는 원래 아파르트헤이트(흑백 분리 정책, 1994년에 폐지) 때문에 와인을 만들 수 있는 사람이 정해져

---

* 가마쿠라 시대(1185~1333년) 말기의 수필로 인생과 처세의 철학을 다룬다. 세이쇼 나곤(清少納言)의 『마쿠라노소시(枕草子)』와 함께 일본의 양대 수필로 꼽힌다. 이것의 한문 제목인 도연초(徒然草)는 '무료하고 쓸쓸하여 쓴 수필'이라는 뜻이다.

있었다고 한다. 그러나 오랜 투쟁 끝에 누구나 와인을 만들 수 있게 되었다. 그 후 유색 인종이 처음 생산한 와인 이름이 'New Beginnings'이다. 우리 지역에도 이 와인을 전파하는 사람이 있다. 교토 데마치야나기에서 자연 식품점 나노하나를 운영하는 이토 마사후미 씨다.

이토 씨 덕분에 그해 3월 31일, 뜻있는 아야베 사람들이 New Beginnings(새로운 시작)라는 주제로 우리 집에 모여 이 와인을 마시며 각자의 새로운 계획을 발표했다. 모두의 새로운 시작은 지금도 계속되고 있다. 그때 들었던 말이 종종 떠오른다.

"세상의 유일한 기쁨은 무언가 시작하는 것이다."

무언가를 시작하려면 무언가를 포기하거나 버리는 일도 중요하다. 집중할 목표를 확실히 한 뒤 무엇을 하고 무엇을 하지 않을지 결정해야 한다. 그 두 가지를 결정해야만 새로운 시작을 할 수 있다.

좋아하는 일을 실천하는 라이프스타일

좋아하는 일로는 먹고살 수 없을 거라고 생각하지는 않는가?

그러나 다양한 분야에서 좋아하는 일을 직업으로 삼는 사람이 점점 늘고 있다. 좋아하는 일을 직업으로 삼아 지역 사업을 시작하거나 사회사업가 또는 NPO를 통해 음식, 교육, 복지, 지역 재생 등 사회 문제에 도전하는 사람이 늘어나고 있는 것이다.

나처럼 작은 농업이 있는 생활, 건강하고 지속 가능한 삶을 지향하는 사람도 적지 않다. 좋아하는 일로 먹고사는 라이프스타일이 당연해지면 사회는 더욱 멋지게 변할 것이다. 나는 이런 변화를 'Favolution'이라고 부른다. Favolution이란 좋아하는 일Favorite과 사회를 멋지게 바꾸는 변혁Revolution을 합쳐서 내가 새롭게 만든 말이다. 나는 강연할 때마다 '좋아하는 일로 사회를 멋지게 바꾸는 Favolution 시대'라는 말을 한다.

삶의 힌트를 찾아 도시의 대형서점에 자주 들르던 회사원 시절에 이런 일이 있었다. 그날따라 유난히 끌리는 책 한 권을 펼쳐 들고 책장을 넘기다가 '아야베' '유라가와*'라는 글자가 툭 튀어나와 깜짝 놀란 것이다. 그 책은 'We의 시대' 혹은 '엔터테인먼트 감각의 시대'로 불리는 새로운 시대의 도래를 예고하는 비즈니스 서적이었다. 저자는 라이프스타일 프로듀서인 하마노 야스히로 씨였다.

하마노 씨가 나와 똑같은 중학교 학구인 아야베시 이덴 마을

---

* 由良川. 긴키 지방에 흐르는 하천.

의 친척 집에서 소년 시절을 보냈다는 것을 그때 알았다. 집 바로 옆을 흐르는 유라가와를 놀이터 삼아, 거기서 고기잡이를 배우고 낚시에 푹 빠졌었다고 한다.

하마노 씨에게 2000년 7월에 열릴 사토야마네트 아야베 설립 총회의 강연을 부탁하니 흔쾌히 허락해주었다. 그러면서 그는 내게 유라가와의 냄새가 지금도 잊히지 않는다며 아야베라는 우주가 앞으로의 인생을 형성했다고 고백했다. 그 덕분인지 하마노 씨는 30세가 되던 1971년에 『질소 혁명質素革命』을 출간하여 세상을 깜짝 놀라게 했고 30여 년 후인 2003년 10월에 『신 질소 혁명新 質素革命』이라는 책을 다시 출간했다.

"혁명이란 어려운 일이 아니다. 우리 한 사람 한 사람이 라이프스타일을 바꾸면 세상이 달라진다. 돌진하는 열차를 멈출 사람은 바로 당신이다. 나 한 사람부터 시작하면 된다."

하마노 씨가 지은 두 권의 책에는 그의 뜨거운 마음이 가득 담겨 있다. 세상을 바꿔줄 영웅을 기다리는 시대가 아니다. 나부터 시작하는 것밖에 다른 방법은 없다. 예전 하마노 씨의 놀이터였던 유라가와의 이타바시 다리를 건널 때마다 그의 메시지를 떠올리게 된다.

새롭게 제안하는 라이프스타일, 반농반X도 세상을 바꿀 개념으로 성장하기를 바란다. 모든 사람이 자신이 좋아하는 일을 무기 삼아 새로운 문명과 문화의 창조에 도전하는 세상이 오기를 바란다.

반농반X의 원칙

지금 하는 생각을 간결하게 정리해두는 일은 매우 중요하다. 내일 무슨 일이 일어날지 모르는 시대인 데에다, 설사 도움이 되지 않는다 해도 우리가 시간을 들여 사색한 결과를 후세에 넘겨줄 의무가 있다고 생각하기 때문이다. 그것이 인간의 사명 아닐까?

아직은 조잡하지만 지금 내가 생각하는 '반농반X의 원칙'을 정리해보려 한다. 여기서 원칙이란 할 일과 하지 않을 일, 중시할 일을 정해놓은 것을 말한다.

① **Sense of Wonder**(자연의 신비함과 놀라움을 깨닫는 감성)를 중시하자.

② 채소와 꿈의 자급률을 높이자.

③ **Plain Living, High Thinking**(생활은 검소하게, 생각은 고상하게)을 유지하자.

④ 브리콜라주*를 하자(있는 것으로 없는 것을 만들자).

---

* 주변에 흔히 있는 재료를 이용해 자기 손으로 만드는 예술 기법. 108~109쪽에 자세히 소개됨.

⑤ 나만의 틀을 만들자(직함과 사명을 정하자).

⑥ 좋아하는 일을 통해 작은 변혁을 거듭하자(느린 혁명을 하자).

⑦ 중요한 것을 전파하여 후세에 선물을 남기고 떠나자.

'전략이란 하지 않을 일을 정하는 것'이라는 명언이 있다. 다시 말해 전략이란 중요한 일을 이루기 위해 무엇을 최우선으로 할지 정하는 원칙이다. 나도 정리하다 보니 무언가 보이기 시작했다. 덧붙여 반농반X를 실천하는 사람에게는 길에서 무거운 짐을 나르는 할머니를 돕는 일도 매우 중요하다.

전에 아야베 시내 작은 중학교에서 환경 문제에 관해 강연할 기회가 있었다. 그때 중학생 아이들은 내가 환경 문제에 관심을 갖게 된 1990년 즈음에 태어난 세대다. 씩씩하게 자라난 아이들을 보며, 그들의 인생과 내 인생을 새삼 생각해보았다. 아이들이 나에게 무언가 메시지를 보내는 듯했다. 괜한 생각인지 모르지만, 아이들이 내게 미래 세대를 대표하여 '당신은 지금까지 무엇을 했습니까?'라고 묻는 것만 같았다.

지난 10년은 쌀을 생산하고 된장을 만드는 등 음식과 생활을 바꾸고 이런저런 일을 하면서 지속 가능한 라이프스타일을 모색한 세월이기도 했지만, 못다 한 일을 산더미처럼 쌓아올린 세월이기도 했다. 좀 더 할 수 있었는데 다 하지 못한 일, 스스로 바꾸지 못한 일이 아직도 많다. 10년을 하루처럼 살아야 한다. 그야말로 한순간도 헛되이 보내서는 안 된다.

1992년 리우데자네이루에서 지구환경회의*가 개최된 지 10년 만인 2002년에 남아프리카공화국 요하네스버그에서 지속 가능한 발전에 관한 세계정상회의wssd가 개최되었다. 당시 WSSD 사무총장을 지낸 니틴 데사이Nitin Desai가 했던 말이 가끔 떠오른다.

"무엇을 해야 하느냐는 이미 알고, 합의도 되어 있다. 지금 우리에게 필요한 것은 누가 무엇을 언제 하느냐다."

세계적 지도자나 세계적 기업뿐만 아니라 세상 모든 사람에게 보내는 메시지다. 일본의 근대 사상가인 나카에 조민中江兆民 역시 "생각이 얕거나 약하면 강하게 행동하지 못하므로 결과도 뻔하다"라고 말했다. 이것은 어떤 일에나 해당되는 말로, 바람을 성취하려면 단 하나, 시작이 필요하는 의미다.

앞으로 10년간 우리가 꼭 해야 할 일은 무엇일까? 많은 사람이 무엇부터 시작해야 할지 고민할 테지만, 역시나 가장 중요한 것은 자신이 진심으로 좋아하는 일이라고 생각한다. 이야기 듣기, 글쓰기, 사진 찍기 등 하늘에서 내려준 재능(좋아하는 일)을 세상을 위해 아낌없이 나누어 후회를 남기지 말자. 각자의

---

* 유엔 환경개발회의(UNCED) 또는 리우 회의라고도 불린다.

무대에서 천직을 완수하자.

시골은 자기 탐색의 무대
-특별한 장소 찾기

슬로 라이프, 전원생활, 농업이 있는 생활, 녹색 관광 등에 관심을 보이는 사람이 급증하고 있다. 농촌을 찾는 여행자도 이제는 드물지 않다. 사람들이 왜 농촌으로 갈까?

교토사가예술대학 예술학부 관광디자인학과의 사카가미 히데히코 교수는 이에 관해 "여행은 개인의 욕구에서 시작된다. 그러므로 답은 자기 안에 있다"라고 말했다. 여행자의 마음속에 답이 있다는 이야기다. 본인은 의식하지 못할지 모르지만 그들은 이미 답을 갖고 있다.

비즈니스에서 심리학은 필수라고 하는데, 도시와 농어촌의 공생과 교류에도 심리학은 필수다. 사람들이 농촌과 자연을 추구하는 데에는 이유가 있을 것이다. 그 욕구를 민감하게 알아채는 감각이 점점 더 중요해져간다.

나도 앞에서 소개한 시바하라 씨처럼 농가 민박을 운영해왔는데, 여행자를 맞으며 절감한 사실이 있다. 농가 민박에는 상담 기능뿐만 아니라, 자신을 탐색하고 앞으로의 인생 방향을 모색하는 사람을 지원하는 기능도 있다는 것이다. 요즘은 남녀노소를 불문하고 모든 사람이 자기 탐색을 하는 것 같다. 인생을 바꿀 계기를 찾는 사람, 희망을 찾는 사람이 많다.

'마음의 시대'라는 말이 나온 지도 오래됐는데, 이런 시대에 농촌은 어떤 역할을 담당할 수 있을까? 농촌의 아름다움을 회복시키려면 무엇이 필요할까? 아름다운 농촌을 육성하려면 어떻게 해야 할까? 시골 사람들이 생각하는 아름다움과 도시 사람들(여행자)이 생각하는 아름다움은 어떤 점이 같고 어떤 점이 다를까? 조상이 남긴 메시지를 단서 삼아 이런 문제를 탐구하고 싶은 마음이 점점 강해진다.

조용하고 작은 동네를 걸어 다니다 보면 지금의 나를 만들어낸 이런저런 말들이 머리와 가슴을 가득 채운다. 오사카의 NPO 법인 사토야마클럽의 오마타 요시로 씨의 말도 그중 하나다.

"어떤 산이든 반드시 주인이 있습니다. 시골 마을은 그 주인의 마음과 손길에 따라 귤산 또는 상수리산 또는 삼목산이 됩니다. 하지만 주인에게 아무 마음도 없으면 산은 황폐해지고 맙니다."

심금을 울리는 말이다. '이 세상은 우리의 마음이 형태로 드러난 것이라고 하더니, 옛사람에게 있던 마음과 생각이 지금의 세상을 만든 것이구나' 하고 고개를 끄덕이게 된다.

장 자크 루소는 『고백』에서 이렇게 말했다.

"혼자 걸으며 여행했을 때만큼 풍부하게 생각하고, 풍부하게 존재하고, 풍부하게 살고, 다시 말해 풍부하게 나 자신이었던 적이 없다. 걷기는 내 사상에 활기와 생기를 부여하는 모든 요소를 갖추었다. 가만히 멈춰 있으면 나는 거의 아무것도 생각할 수 없다. 내 정신을 움직이기 위해서는 내 육체가 움직여야 한다. 전원의 경치, 끝없이 이어지는 풍경, 상쾌한 대기, 왕성한 식욕, 걸어서 얻을 수 있는 육체적 건강, 시골 요리의 자유로움, 나를 예속하는 것들로부터 멀어지는 일이 내 영혼을 해방하고 내 사상을 한층 대담하게 만든다."

그러나 전원에 사는 우리는 생각보다 걸을 일이 없다. 아름다운 농촌을 되돌리려면 문제의식을 갖고 일부러 걸어다니는 것이 중요할지도 모른다. 만족滿足이라는 단어를 한자로 풀어보면 발이 꽉 찼다는 뜻이다. 잘 걷는 사람이 보람도 잘 느끼고 사물에 흥미도 많다는 연구 결과가 있다고 한다.

논에서 일하다 보니, 매일 정해진 시간에 자연을 즐기며 들길을 천천히 산책하는 이웃 마을 사람 오쓰키 하루코 씨(당시 78세)와 친해지게 되었다. 하루는 누에콩이 많이 나왔다고 기뻐하는 오쓰키 씨에게 누에콩으로 간장을 담그면 맛있다고 추천해주었다. 나이 차이가 꽤 나는 우리 두 사람이 이처럼 가까워진 것은 둘 다 시코쿠의 88사찰 순례길에 관심이 있어서였다. 또 우리는 둘 다 야쓰카다니 마을 변두리의 지장보살과 노송이 있는 풍경을 좋아한다.

나는 이 풍경이 내 마음의 풍경임을 깨닫게 되었다. 귀향한 지 얼마 되지 않았을 무렵 예전 회사 친구들이 우리 동네에 놀러왔다. 놀랍게도 그들 역시 그 풍경을 보고 무언가 감동을 받았다고 했다. 이 귀중한 경험을 통해, 그 마을에서 태어난 사람이든 도시에서 태어난 사람이든 같은 풍경을 사랑할 수 있다는 것을 깨달았다.

셰어링네이처Sharing Nature라는 환경 교육 방식을 세계에 전파하는 미국의 환경운동가 조셉 바라트 코넬Joseph Bharat Cornell 씨는 "일단 자신만의 특별한 장소를 찾으십시오. 그곳이 바로 자연으로 여행을 떠나는 출발점입니다"라고 말했다.(『네이처 게임 4』)

아름다운 농촌을 만드는 일은 자신만의 특별한 장소를 찾는 일에서부터 시작된다. 만약 마을 사람 모두가 자신만의 특별한 장소를 갖고 있다면 그야말로 대단한 일이다. 그런 깊이 있는 마을 만들기 사업도 재미있을 것이다.

농사와 X,
두 가지를 동시에 추구하는 이유

가끔 반농반X에 관해 이렇게 묻는 사람이 있다.

"왜 농사와 X를 함께 추구합니까?"

농사든 X든 하나만으로도 벅찬데 왜 두 가지를 동시에 추구해야 하느냐는 것이다. 두 마리 토끼를 쫓다가는 한 마리도 못 잡을 것 같다는 걱정도 이해가 간다.

내 경우, 내 삶의 방식을 이것저것 모색한 결과 나에게 가장 좋은 방법이 반농반X라고 결론 내렸다. 반농이란 농사를 반만 짓는다는 것이 아니라 신중하게 산다는 뜻이다. 지속 가능한 생활을 영위하며 영혼의 표현을 만족시키는 것이 나의 반농반X 스타일이다. 어쩌면 그것을 중용의 삶이라 표현할 수 있을지도 모르겠다.

반농이란 앞서 말한 것처럼 면적(규모)과 시간(작업 시간)을 가리키는 개념이 아니다. 자급농업을 하는 것뿐만 아니라 자연과 동식물, 땅과 계속 접촉하면서 인간 중심이 아닌 지구의 일원으로 살아가는 삶을 추구하는 사람이라면 누구나 반농반X인이라고 할 수 있다. 그렇지만 X가 너무 바쁘면 농사를 짓지 못할 수 있고, 농사가 너무 바쁘면 X를 추구하지 못할 수 있다. 중용이란 어렵다. 또 가족과 함께 보내는 시간이 없거나 자신과 대화하는 시간이 없어도 진정한 반농반X라고 할 수 없다.

그럼에도 불구하고 반농반X는 결코 힘들기만 한 삶의 방식이 아니라 행동하는 자만이 누릴 수 있는 행복한 라이프스타일이다. 일단 할 수 있는 일부터 시작하기 바란다. 무슨 일이든 작게 시작하는 것이 중요하다.

사람에게는
얼마만큼의 땅이 필요한가?

선조가 물려준 논밭이나 산에서 일할 때, 인구가 확 줄어 썰렁해진 마을 길을 걸을 때, 폐교된 모교(사토야마네트 아야베의 사무실)에 앉아 있을 때면 언제나 생각나는 이야기가 있다. 바로 톨스토이의 단편 우화 『사람에게는 얼마만큼의 땅이 필요한가』다.

러시아의 시골에 한 농사꾼이 살았다. 처음에는 가난한 소작농이었지만 고생 끝에 돈을 모아 지주에게 땅을 조금 산 뒤로 형편이 나아져 즐겁게 살고 있었다. 그런데 시간이 지나자

더 넓고 좋은 땅이 갖고 싶어졌다. 그래서 훨씬 비옥한 땅을 발견하여 싸게 샀더니 생활이 전과는 비교도 되지 않을 만큼 윤택해졌다. 하지만 시간이 지나 익숙해지자 그 넓은 땅마저 답답하게 느껴졌다.

그러던 어느 날 그는 놀라운 마을이 있다는 이야기를 듣고 찾아갔다. 그곳의 촌장은 그에게 "해가 뜰 때 출발했다가 해가 지기 전에 돌아오면 하루 동안 당신이 밟은 땅을 가져갈 수 있습니다. 그러나 해가 질 때까지 돌아오지 못하면 당신은 아무 것도 가질 수 없습니다"라고 말했다.

그는 다음 날 해가 뜨자마자 동쪽을 향해 걷기 시작했다. 가는 곳, 보이는 곳을 전부 갖고 싶었다. 그러다 자신이 너무 멀리 왔음을 깨달았을 때는 해가 이미 서쪽으로 기운 후였다. 그는 시시각각 지평선에 가까워지는 태양을 바라보며 미친 듯이 달려 쓰러지듯 도착점에 도달했다.

촌장이 "이제 당신이 원하는 땅을 모두 가질 수 있습니다"라고 외쳤을 때, 남자는 입에서 피를 토하며 죽고 말았다. 그와 동시에 태양이 지평선 아래로 사라졌다.

그의 하인은 삽을 들어 땅에 구멍을 파고 남자를 묻었다. 딱 그만큼이 그에게 필요한 땅이었다.

우리는 이 남자를 비웃을 수 없다. 우리도 똑같기 때문이다. 이 우화는 농촌과 도시의 미래를 생각하는 데 매우 중요한 교훈을 담고 있으며, 그 교훈의 중요성은 시대가 지날수록 더 커져간다. 나도 15년 만에 고향으로 돌아와 농촌에 살면서 '사람에게는 얼마만큼의 땅이 필요할까?'라는 생각을 자주 한다.

마을을 걷다 보면 산골짜기에서 논의 흔적을 발견하고 놀랄 때가 있다. 마을이 그것으로 먹고살았던 시대가 있었다. 그 시대에는 큰 것일수록 멋지게 여겨졌다. 그러나 지금은 모든 분야에서 스몰, 미니멈, 콤팩트, 심플, 시크, 젠禪, 슬로 그리고 서스테이너블(지속 가능)한 것이 주목받는다.

물건에 대한 우리의 가치관도 물건 자체의 소유에서 기능의 활용을 중시하는 방향으로 변하고 있다. 따라서 아름다운 농촌을 만들려면 우리는 앞에서 소개한 남자가 품었던 것과 같은 극단적인 소유 의식을 제일 먼저 극복해야 한다.

'지구는 선조에게 물려받은 것이 아니라 후손에게서 빌린 것이다'라는 북미 원주민의 속담을 기억해야 한다. 이제 국유도 사유도 아닌 공공재로서의 공간에 대한 새로운 인식이 농촌에도 큰 영향을 미칠 것이다.

제 2장

즐겁고 풍요롭게!
반농 능력 기르는 법

수작업 능력 · 자급 능력 · 자기방어 능력으로
새로운 세상 열기

반농반X를 실천하는 사람의
하루 일과

모내기하고 일주일이 지나면 논의 모종 사이에 수동 제초기를 넣어 풀을 뽑는다. 지금은 기계식도 많이 나와 있지만 우리 집은 아직 수동식을 천천히 밀고 다닌다. 그러다 보면 수면에서 나는 소리만으로도 중요한 깨달음을 얻을 수 있다.

나는 모내기용 장화를 신지 않고 논에 맨발로 들어간다. 반농반X의 삶에서는 맨발로 일하는 것도 중요하다. 일하다가 더워지면 이마에서 흘러내린 땀이 물 위로 떨어진다. 그것을 보며 내가 벼에게 줄 수 있는 것은 어쩌면 이 땀뿐일지도 모른다는 생각을 한다. 그 땀은 인간이 논에 서식하는 다른 생명들에게 선사하는 아주 작은 선물이다. 맨발, 수작업, 땀은 무척 소중하다.

쌀농사를 시작한 지 10년째다. 2005년에는 논의 규모를 절반 정도 줄여 300평에 농사를 지었다. 그전 해에는 600평(따로 경작을 맡긴 땅이 900평 있다)이었는데, 300평만 되어도 무척 편하다는 것을 새삼 느꼈다. 300평이면 약 1,000평방미터인데, 거기서 쌀을 얼마나 수확할 수 있을까?

우리 집에서는 300평의 논에 약 6,000개의 모종을 심는다. 그리고 벼 모종 한 포기로 밥 한 공기를 지어 먹을 수 있다고 한다. 즉 300평이면 밥이 6,000공기다. 물론 항상 계산대로 수확되는 것은 아니지만, 단순히 계산하면 한 사람이 1년 동안 먹는 밥이 1,095공기(365×3)다. 매끼 먹지는 않으니 한 사람의 연간 소비량을 약 1,000공기라고 치면 벼 1,000포기가 필요한 셈이다. 즉 우리 집처럼 성인이 3명인 가족은 한 해에 벼 3,000 포기가 필요하다. 그러므로 300평의 논에서는 우리 식구가 약 2년 정도 먹을 쌀을 얻을 수 있다. 이 정도 규모면 체력적으로도 시간적으로도 전혀 힘들지 않다.

2006년부터 나는 1인 1,000포기 프로젝트에 도전하고 있다. 한 사람이 벼를 1,000포기 심어서 돌보는 정도라면 전혀 어렵지 않다. 게다가 논은 밭과 달리 내버려둬도 되니 작업이 편하다. 도시에 사는 사람이 이 프로젝트에 도전한다면 내가 우리 논에 가는 김에 한 번씩 들여다봐줄 수도 있다. 그 정도 규모로 반농을 시작하면 분명 부담이 없을 것이다. 도시에 사는 내 친구도 1,000포기의 모종이 심긴 논을 보더니 자신감이 생긴다고 말했다.

여느 농촌처럼 아야베도 고령화가 진행된 탓에 노인들이 경작을 많이 포기하면서 아무것도 심기지 않은 채 방치된 논이 많아졌다. 그래서 더 많은 젊은이가 1인 1,000포기 프로젝트에 참여했으면 한다. 일부 농가에서는 경운기나 이앙기 등 농기구를 공짜나 다름없는 가격으로 넘겨줄 것이다. 새로운 기계를 사고 낡은 기계는 창고 안에 썩히는 경우가 많기 때문이다. 도호쿠 지방은 지역 차원에서 그런 자원을 재활용하는 사업을 궁리하고 있다.

근대 농정가인 니노미야 긴지로는 우리에게 좋은 본보기가 되어준다. 처음에 그는 남아도는 작은 땅을 논으로 만들고 농가에서 벼 모종을 얻어와 농사를 짓기 시작했다. 그리고 수확량을 점점 늘려 재산을 축적했다고 한다. 지금 우리에게도 이런 자세가 필요하다.

옛날에는 논을 빌리려면 임대료를 내야 했지만 요즘은 오히려 빌리는 사람이 환영받는다. 아야베의 월평균 민가 임대료가 논밭을 포함하여 2만 엔(약 20만 원)이니, 논밭만 따지면 부담이 거의 없는 셈이다.

그러면 이제 반농반X를 실천하는 내 하루 생활을 살펴보자.
다음은 2005년 평범한 어느 날의 시간표다.

오전 3시	기상. 영감의 시간(원고 집필, 블로그 관리, 독서 등)
6시	아침밥 담당인 내가 아침 준비(우리 집은 아침저녁으로 된장국을 먹는다). 가족 식사
7시 30분	초등학생 딸 등교(스쿨버스). 아내의 출근과 배웅
8시	영감의 시간(제초기로 논밭의 풀 깎기 등)
10시	메일 확인. 내 슬로 비즈니스인 '포스트 스쿨' 업무(멋진 말, 명언, 시, 이야기 등을 엽서로 보내 주는 유료 서비스) 등
정오	정원에서 혼자만의 점심과 커피 타임
오후 1시	사토야마네트 아야베의 '시골 생활 소식'과 이메일 소식지 '반농반X 생활' 편집 등
3시 30분	딸과 아내 귀가. 함께 간식 먹기. 공부 봐주기. 5시 이후 딸과 배구 등을 하며 놀기
6시	가족 저녁식사. 단란한 시간 보내기. 딸이 귀가한 후에는 PC를 켜지 않음
8시	아이와 이불 속으로 들어가 그림책 읽기. 함께 취침

현대인에게는 적극적인 고독의 시간이 필요하다고 하는데, 나는 그런 시간을 충분히 누리고 있는 듯하다. 이 사치스러운 시간이 나를 지탱해준다. 여러분도 30분이라도 좋으니 자신을 위한 시간을 갖기 바란다. 그러면 분명 무언가가 시작될 것이다.

쌀농사가 반농반X에 차지하는 의미

기계를 쓰면 모내기든, 벼 베기든, 수확한 쌀을 말리는 일이든 전부 순식간인데, 나는 왜 굳이 손으로 모내기를 하고 벼를 볏덕*에 걸어 말릴까? 어쩌면 내가 그저 엄청난 바보이거나 무농약에 집착하는 고집쟁이가 아닐까 싶어 한 해에도 몇 번씩 불안해지는 게 사실이다.

효율 우선의 초고속 시대에 나는 비주류인 느린 농사를 짓고 있다. 그러나 지금은 세상과 반대되는 일을 해야 하는 시대가 아닐까?

나는 1990년쯤부터 환경 문제에 관심이 생겼다. 그때 새삼 주변을 둘러보니 이미 농사를 짓는 사람이 많았다. 시대의 변화를 깨달은 순간이었다. 모두가 지금 세상에 대한 회의감이나 질병, 아토피 등 저마다 다른 이유로 농사를 짓고 있었다. 맛있는 것을 찾아다니다가 자기 손으로 쌀을 생산하게 되었다는 사람도 있다.

처음에는 교토 시내에 살면서 100킬로미터 떨어진 아야베 본가로 출퇴근하며 자급용 쌀을 생산했다. 그것이 1996년의 일이다. 그렇게 논일을 시작한 지 3개월째 되던 날, 하늘이 아기를

---

* 쇠파이프나 각목을 이용해 만든 볏단을 걸어 말리는 장치.

촬영 / 神田正実

무농약 쌀농사를 짓는다. 모내기를 하고 나면 수동식 제초기를 밀며 논을 가로세로로 두 번쯤 누빈다.

내려준 것을 알았다. 우리 부부는 결혼 7년차에 첫딸을 얻은 것을 새로운 삶의 방식을 칭찬하는 하늘의 계시로 받아들였다. 이렇게 쌀농사 첫해는 우리 인생에 큰 전기가 되었다.

우리는 쌀농사로 가족이 한 해 먹을 만큼의 쌀을 해마다 하늘로부터 받고 있다. 가족이 먹을 것 이상은 바라지 않는다. 더 많이 수확하려면 대형 기계와 농약을 써야 한다. 마치 소수정예 학급처럼, 내가 감당할 수 있는 범위와 규모를 유지하는 것이 중요하다.

시골 마을을 돌아다니다 보면 처마 밑에 장작을 잔뜩 쌓아놓은 집을 발견하곤 한다. 그러면 잠시 멈춰 서서 이 집은 에너지 생산에 문제가 생겨도 살 수 있겠다는 생각을 한다. 벼 베기를 무사히 마쳤을 때나 여름철이 지나 담궈둔 된장을 먹을 때가 되면 뿌듯함을 느낀다. 쌀, 된장, 소금만 있으면 살 수 있으니 이제 무슨 일이 생겨도 살아남을 수 있겠다 싶어서다. 생존이란 의외로 단순한 것이다. 나는 자생력을 회복하고 싶었다. 내 사랑스러운 아내는 그런 면에서 능력이 뛰어나니 분명 나보다 오래 살지 않을까? 딸에게도 아내와 같은 능력을 길러주고 싶다.

나는 구식 농사를 지으며, 어떤 부분에서는 노동력 절감을 궁리하고 어떤 부분에서는 반대로 시간을 충분히 들이려고 한다. 그렇게 삼라만상과 접촉하며 X에 긍정적인 영향을 받는다. 그것이 반농반X인의 쌀농사다.

내 농사의 역사를 소개하면 이렇다.

첫해에는 240평으로 시작했고 두 해째에는 600평에 도전했다. 수확량은 일반 현대 농업의 60퍼센트 정도인 듯하다. 내가 너무 적게 수확하는 건지, 다른 사람들이 너무 많이 수확하는 건지 잘 모르겠다. 농포 정리*가 완료된 큰 논이므로 논갈이나 써레질 등의 작업에는 어쩔 수 없이 경운기(연료는 경유)를 쓰고 주변 풀을 벨 때에는 경유 제초기를 사용한다.

---

* 농지 구획을 정형화하여 생산성 높은 농지를 만드는 것.

풀을 벨 때는 한 면(50×60미터)만 해도 한 시간이 걸린다. 이 작업을 한 해에 4~5번 정도 해야 한다. 하지만 논두렁의 풀을 베는 데에도 깊은 뜻이 있다는 것을 알고부터는 마음가짐이 달라졌다. 그렇게 빈 땅으로 만들어 만물에게 공평한 환경을 마련해주고 경쟁을 촉진하지 않으면 강한 것만 살아남아 자연계의 균형이 무너진다는 것이다. 농사의 모든 과정에는 의미가 있고 철학이 있다.

여담이지만 최근에 새로 사귄 친구 하나는 폐유(튀김 기름)를 바이오디젤 연료로 바꾸는 기술을 갖고 있다. 그리고 그 연료를 경운기에 쓰겠다는 꿈을 끝내 이루었다. 또 아야베의 카리스마 농사꾼 이노우에 요시오 씨는 해마다 모내기를 도와준 사람들에게 자신이 키우는 특수한 벼 모종(상자 모종)을 나눠준다.

나는 이웃의 모범 농가가 손봐준 옛날 농기구를 재활용하여 모종을 심는다. 모종 간격은 약 30센티미터로, 기계로 심는 것보다 상당히 널찍하다. 빽빽하게 심으면 벼가 스트레스를 받지만, 성글게 심으면 통풍도 잘되고 해충도 잘 꼬이지 않는다고 한다. 이처럼 인간의 편의가 아닌 식물의 요구에 부응할 수 있다는 것이 수작업의 장점이다. 이 또한 반농반X가 중시해야 할 점 중 하나다.

'논 문안田見舞'이라는 말이 있다. 조금 거창한 표현인지도 모

촬영/二宮明仁

모내기가 끝나면 아침저녁으로 논 상태와 물 대중을 살피는 '논 문안'을 한다.

르지만, 아시아의 농경문화 역사를 연구하는 도쿠나가 미쓰토시德永光俊 씨의 책에서 이 말을 처음 접한 순간 나에게 새로운 세상이 열렸다. 농가에서는 거름주기를 '인사'라고 표현하고 '논 칭찬'이라는 말도 자주 쓴다. 흔히들 작물이나 식물을 다정하게 대하면 잘 자란다고 이야기한다. 이처럼 매일 논밭을 관찰하는 일을 농서에서는 '논 문안'이라고 표현한다. 논을 문안한다니 정말 멋진 말이다.

앞에서 말했듯 천지의 기운을 받을 뿐만 아니라 초목의 기운을 받는다고 해야 할까? 이처럼 초목과 인간이 공명할 수 있는 것은 인간에게 두뇌가 있어서가 아니라, 인간도 다른 생명체와

동질의 구조로 이루어져 있어 서로 느끼는 능력이 있기 때문이다.(『강좌 인간과 환경 3-자연과 결부한다: 농업에서 보는 다양성』)

'논 칭찬' '논 인사' 또한 멋진 말이다. 이런 정신세계가 점점 사라지는 것이 아쉽다. 논 문안 철이 되면 그런 정신만이라도 계승하고 싶다는 마음이 간절해진다. 자신이 사는 지역에서 논 문안이라는 멋진 말을 쓰지 않는다고 해도, 반농반X인들이 자주 사용함으로써 그것을 새로운 전통으로 만들면 좋겠다.

수작업 능력·자급 능력·자기방어 능력 – 반농 능력의 기본

어른과 아이 구분 없이 논에서 사람 모습을 찾아보기가 점점 어려워지고 있지만, 우리 논에서는 해마다 5월 중순이면 시끌벅적한 아이들 소리를 들을 수 있다. 논도 아마 무척 기뻐하지 않을까? 아이들은 맨발로 논에 들어가 깔깔거리며 도시 친구들, 가족과 함께 손으로 벼 모종을 심는다. 논에 들어오기 전에는 허리를 숙여 인사도 한다.

2004년의 모내기가 떠오른다. 일요일이 낀 덕에 딸과 아내까지 합세하여 축제 분위기로 가족 모내기를 했다. 딸은 두 줄,

아이들도 어른들과 함께 모내기를 한다. 딸도 초등학생이 된 후로 어른들처럼 전진 모내기를 하게 되었다.

간다 씨 가족이 모내기 체험으로 함께해준 덕분에 모내기 축제가 더 풍성해졌다.

우리 부부는 다섯 줄씩 심으며 전진했다. 딸 히나코는 그때 난생처음으로 전진 모내기를 해보았다. 유치원에서 모내기 체험을 해보았지만 항상 후진 모내기였다.

그해엔 내 책을 읽은 오사카의 간다 마사미 씨가 세 자녀에게 모내기 체험을 시키고 싶다며 참여해준 덕분에 모내기 축제가 더 풍성해졌다. 농사를 지어보지 않은 사람도 논을 가볍게 경험할 수 있도록, 우리 논이 공원 같은 장소가 되었으면 좋겠다('반농반X 스쿨' 체험 입학 환영!).

모내기의 즐거움은 논두렁에 앉아 새참을 먹거나 모두 둘러앉아 점심 만찬을 즐기는 등 축제 같은 분위기를 만끽하는 데 있다. 논에는 현대인이 되찾아야 할 가치가 아주 많다. 논에 오면 남녀노소 누구나 할 일이 있어서 함께 땀을 흘릴 수 있다. 물론 편하게 쉬는 시간도 있다. 논은 그야말로 가족과 개인, 자연을 서로 이어주는 곳이다.

모내기를 하고 일주일이 지나면 수동식 제초기를 모종 사이로 밀어서 막 올라오기 시작한 풀을 뽑고 그것을 수면에 띄워 말려 죽인다. 요즘은 기계식도 많이 쓰지만 나는 아직 수동식을 애용한다. 수동식을 쓰면 600평을 세로로 미는 데에만 약 3시간이 걸린다. 게다가 이렇게 김을 한 번 매더라도 조금 지나면 다른 싹이 금세 올라온다. 다람쥐 쳇바퀴 돌리기다. '이것들도 빛을 갈망하는 강한 생명체구나!'라고 감탄할 수밖에 없다.

이 지역에는 무농약으로 쌀을 생산하는 사람이 많지 않다. 그래서 '무농약은 쓸데없는 고집일까?' 하는 의문이 해마다 나를 괴롭힌다. 주변 사람들은 "옛날식으로 열심히 한다"라든가 "무리하지 말고 농약을 치면 편할 텐데"라고 말한다. 내 생각을 관철하는 일은 결과적으로 누군가를 부정하는 일이기도 하다. 내가 최근에 내린 결론은 '나는 안 뿌린다. 하지만 다른 사람이 뿌리는 것을 부정하지는 않겠다'는 것이다. 그러기 위해서라도 튼튼한 몸을 유지해야겠다. 아직은 젊어서 이런 방식을 계속할 수 있는지 모른다. 그래도 나는 평생 농약을 뿌리지 않을 작정이다. 벌레를 적으로 여기지 않는 것도 내 농사 스타일이기 때문이다.

내가 논일 중 가장 중요하게 생각하는 것은 김매기와 이삭줍기다. 맨발로 논에 들어가 흙을 느끼고 논두렁에 앉아 바람을 느끼는 시간, 하늘을 자유롭게 나는 잠자리를 보면서 앞으로의 삶과 생활을 그려보거나 이 나라와 지구의 미래를 생각하는 영감의 시간도 소중하다.

논일을 하다 보면 이마에서 땀방울이 떨어진다. '이 한 방울의 땀은 인간이 다른 생명에게 주는 작은 선물'이라는 것을 깨달았을 때의 감동이 지금도 잊히지 않는다. 이상 기후가 일상이 된 요즘, 올해의 기후를 예측하는 감각도 연마했으면 좋겠다는 생각이 잠시 떠올랐다가 사라진다.

새삼 '나는 어째서 이런 구식 농사를 짓고 있을까?'라고 자문해보았다. 분명 존엄을 지키고 싶어서일 것이다. 돈으로 사먹기는 간단하다. 그보다 땅의 존엄, 쌀 한 톨까지 소중히 여기는 마음, 인간 이외의 생명을 경외하는 마음, 그리고 (지구별의 수입원인) 신의 힘을 빌리는 지혜, 화석 연료에 되도록 의존하지 않으려는 의지 등의 순수한 마음을 지켜나가고 싶다.

왜 농업과 X를 병행해야 할까? 앞에서 이미 말했듯 농업이 천직을, 천직이 농업을 심화하기 때문이다. 농업과 X는 불가분의 관계에 있다. 농업을 통해 자연의 섭리와 지구의 리듬을 느끼고 감성을 연마하면 새로운 발상이 솟아나고 창조력이 강화된다. 또 그렇게 심화된 X는 농업을 다시 심화한다. 반농반X는 일종의 문화를 창조하는 라이프스타일이기도 하다.

그런데 우리 집에서 다 먹지 못할 만큼 많은 쌀을 수확한 해에는 어떻게 할까? 원하는 사람에게 나누어줄 때도 있지만, 그럴 때 남은 쌀은 마음이 담긴 특별한 선물로 활용하는 것이 제일 좋다. 예전에 한번은 아야베로 이주하여 창작 활동을 하는 더글라스 폴란스키 씨(도예가)와 마유미 씨(유리공예가) 부부의 작품을 쌀과 교환한 적이 있는데, 그때는 정말 말로 표현하기

힘든 감정을 느꼈다. 도시에서 자연식 요리 교실을 운영하는 아내가 그 아름다운 그릇을 애용한다. 돈이 없어도 경제가 성립할 수 있음을 새삼 깨달았다. 직접 만든 물건을 서로 교환했더니 물건에 대한 애착도 깊어졌다. 이것이 미래 경제의 이상적인 한 형태가 아닐까?

또 우리 집은 아침저녁으로 된장국을 먹는 전통식을 고수한다. 깜빡 잊고 된장국을 빠뜨리는 날이면 딸이 먼저 "어? 오늘은 없네?" 하고 지적할 정도다. 자화자찬이지만 내가 직접 만든 된장은 정말 맛있다. 우리 집 쌀과 된장은 최소한의 자급을

직접 된장을 담근 지 10년째가 되었다. 오래된 맷돌로 콩을 갈아 만든 된장은 정말 맛있다.

열어나가는 시대를 대변하는 영원한 상징이며 원점이다.

수작업 능력, 자급 능력, 자기방어 능력 등을 조금이라도 강화하자. 그러면 분명 새로운 이야기가 시작될 것이다. 미래를 창조하는 일은 의외로 단순하다.

시골의 힘과 지혜를 이어나간다

우리 가족은 감기 기운이 느껴지면 매실장아찌, 생강, 간장과 3년 된 엽차를 섞어 만든 매실 엽차를 따뜻하게 데워 마시고 잔다. 눈이 가려우면 엽차와 천연소금으로 만든 엽차 팩으로 찜질한다.

최근 10년간 의료의 자급 능력을 기르겠다는 생각으로 꾸준히 공부했다. 어떤 해에는 '올해는 지네가 많다'는 말을 여기저기서 들었는데, 정말로 난생처음 지네에 물려서 이빨 자국이 한동안 남아 있었다. 그때 참기름에 지네를 담가두면 벌레(벌, 지네 등) 물린 데 잘 듣는 연고가 된다는 이야기를 듣고 지네참기름 연고를 만들게 되었다. 그 후로 지네를 잡아서 참기름에 담갔는데, 그 얘길 들은 아내가 비싼 참기름을 쓰지 말라고 하기에 혼자 몰래 만들고 있다. 전통 방식으로 압착한 순정 참기름을 써서 더 귀한 시골 약이다.

인간의 지혜와 시골의 생명(쑥과 비파나무 등)이 만나면 시골이 약재의 보고가 된다. 하루는 아내가 이웃 아이들에게 들판의 달래 캐는 법을 가르치고 있었다. 그때 참고했던 『야산의 약초』를 보니 달래가 벌레 물린 데에도 효과가 있다고 나와 있었다. 새로운 약재를 발견하여 '쑥도 좋고 달래도 좋구나!' 하고 딸과 함께 기뻐했던 기억이 난다.

사토야마네트 아야베 홈페이지의 주간 메시지 코너에 쑥 반창고 이야기를 소개하기도 했다. 초등학교 1학년짜리 여자아이가 학교가 끝나고 집에 가다가 넘어져 무릎을 다쳤는데, 이웃의 2학년짜리 언니가 쑥 잎을 문질러서 피를 멈추게 해주었다는 이야기다. '쑥 반창고라니, 그야말로 시골의 힘이구나!' 싶었다. 넘어진 아이도 나중에 똑같이 동생들을 치료해줄 것이다.

시골의 힘을 능숙하게 활용하는 초등학생이 많은 마을, 시골의 지혜가 계승되는 마을이야말로 최첨단 마을일지 모른다. 내 꿈의 지평이 또다시 넓어졌다.

반농력을 더욱 강화하는
필생의 감각, '센스 오브 원더'

많은 어린이는 동식물을 무척 좋아한다. 그래서 도토리, 나뭇잎, 조개껍데기 등 지구가 만들어낸 독특한 사물에 곧잘 몰두한다. 아이들이 산과 바다에서 지구의 작품을 쫓아다니는 모습을 볼 때마다 생각나는 말이 있다. 미국의 생태주의자이자 환경주의자였던 레이첼 카슨이 강조한 '센스 오브 원더(신비함과 놀라움을 지켜보는 감성)'다. 앞서 말했다시피 반농반X에서는 이 '센스 오브 원더'를 중시한다. 카슨의 책 『센스 오브 원더』에는 이런 말이 나온다.

"아이의 천부적 호기심을 언제나 생생하게 유지하려면 우리가 사는 세계의 기쁨, 감격, 신비를 함께 찾아가며 감동을 나눌 수 있는 어른이 적어도 한 명은 아이 곁에 있어야 한다."

이것이야말로 인공으로 넘쳐나는 현대에 가장 필요한 감각이 아닐까? 우리가 아이들 곁에 그런 어른으로 남아야 한다. 우리가 센스 오브 원더를 갖춘 어른으로 살아남아야 한다.

논과 연못에서 올챙이가 헤엄치고 개구리가 합창하고 게와 달팽이가 빗길을 산책하는 풍경, 제비가 어김없이 처마 밑에 둥지를 틀어놓은 모습 등. 예전에는 당연했던 풍경이 이제는 당연하지 않게 되었다. 당연함의 고마움, 그것을 아이들과 함께 오래도록 느끼고 싶다.

카슨은 센스 오브 원더를 갖춘 사람은 인생에 지치지 않는다고 말했다. 그리고 "만약 내게 아이들이 잘 자라도록 지켜주는 착한 요정과 이야기할 능력이 있다면, 세상 모든 아이에게 평생 사라지지 않는 '센스 오브 원더'를 선물해달라고 할 것이다"라고 했다. 카슨이 왜 그런 기도를 했는지 이제야 이해가 간다.

센스 오브 원더, 필생의 감각이라 할 만한 이런 감성이야말로 교육의 중요한 지침이 되어야 한다. 이것만 평생 잃지 않는다면 누구나 유연하고 자유로운 마음으로 행복하게 살 수 있다.

아인슈타인도 "신기한 것을 보고 놀라는 일만큼 훌륭한 경험은 없다. 그것은 진짜 예술, 진짜 과학을 낳는 중요한 정동*이다. 무엇을 보고도 감동하지 않는 사람, 신기하게 느끼지 않는 사람, 깜짝 놀랄 줄 모르는 사람은 바람에 꺼진 촛불, 다시 말해 죽은 사람과 다름없다"라고 말했다. 사상가 헨리 데이비드 소로도 "숲에 들어갈 때는 낚시꾼이나 사냥꾼이어도 나올 때는 시인이나 자연학자가 된다!"라고 말했다. 아름다운 농촌도 숲처럼 사람을 시인이나 자연학자로 만드는 힘이 있다.

'없는 것에 대한 집착'으로 얼룩졌던 20세기는 끝났다. 이제

---

* 情動. 희로애락과 같이 일시적으로 급격히 일어나는 강렬한 감정 상태.

지역 안에 이미 존재하거나 잠재하는 보물, 즉 지역의 자원, 유산, 경험, 기억 등 '있는 것 찾기'를 통해 지역을 재인식하는 시대다. 전국적으로 선풍을 일으킨 지역 지도 제작에도 센스 오브 원더가 큰 힘을 발휘했다.

가족의 힘을 기르는 반농반X적 야외 활동

우리 가족은 결혼 11주년이 되던 해 캠핑 도구를 구입하여 야외 활동을 시작했다. 외동딸 히나코가 유치원에 입학한 해였다. 처음엔 아내가 권유했지만 나는 캠핑을 망설였다. 유치원에 다니면서 시간 여유가 줄어든 딸아이도 주말에는 집에서 편하게 쉬고 싶다고 했다. 좀처럼 협조하지 않는 우리를 아내는 컴퓨터도 전화도 없는 캠핑장에 가서 더 편히 쉬자며 설득했다. 듣다 보니 반농반X에도 일상을 벗어나는 시간이 필요할 것 같았다.

야외에 나가면 아빠가 팔을 걷어붙이는 집이 많지만, 우리는 아내의 야외 요리를 고대한다. 숯불 위에서 음식이 구워지는 동안, 딸과 나는 강에서 돌을 주우며 논다. 그동안 아내는 여유롭게 사색을 즐기는 것 같다.

아내는 캠핑을 통해 한정된 공간에서 한정된 도구와 재료로 단순하면서도 맛이 깊은 요리를 만드는 법을 터득하여 요리 세계를 더욱 넓혔다. 이런 경험들이 아내의 요리 교실 운영에도 분명 도움이 될 것이다. 숯을 사용한 화로 요리가 어찌나 감칠맛이 나는지, 평소 집에서 먹는 음식인데도 더 맛있게 느껴진다. 요즘 아내는 정원에 화로를 놓고 요리를 만들어 동네 아이들을 초대한다. 그것이 삶의 즐거움 중 하나인 듯하다.

일본의 교육을 보면 한 과목을 그럭저럭 잘하면 이제 다른 과목을 공부하라고 한다. 하지만 무엇이든 잘하는 것은 아무것도 못하는 것과 같다. 앞으로는 잘하는 분야를 좀 더 파고들라고 권하는 세상으로 바뀌지 않을까? 어떤 것에서든 평균적인 것보다는 톡톡 튀는 개성 있고 창조적인 것이 좋다. 좋아하는 일에는 그런 잠재력이 있다. 무언가를 좋아하는 힘은 곧 사람의 생명력, 발전력이다. 나는 아내를 보며 언제나 그런 생각을 한다.

캠핑을 하다 보면 비일상적인 공간이 주는 다양한 영감을 얻고 한정된 도구로 생활하는 지혜를 터득하게 된다. 내가 캠핑에서 얻은 가장 큰 깨달음은 가족에 관한 것이었다.

첫 캠핑 다음 날 새벽 무렵, 갑자기 비가 떨어지더니 멀리서

천둥소리가 들렸다. 빗방울이 격렬한 소리를 내며 쏟아져내렸다. 집이었다면 튼튼한 기와지붕이 있으니 괜찮았겠지만 텐트에서는 바람소리와 빗소리가 귓전에 크게 울려 잠을 이룰 수 없었다. 그때 아내가 불안해하는 딸에게 부드러운 목소리로 다 함께 있으니까 괜찮다고 말해주었다. 그 순간, '가족은 베이스캠프'라는 말이 빗방울과 함께 하늘에서 뚝 떨어졌다. 가족 구성원은 제각각 지향하는 산(꿈=X)이 다르다. 그러나 같은 베이스캠프에 머물면서 서로를 돕고 용기를 북돋워 준다. 베이스캠프는 가족 모두의 꿈이 이루어지도록 서로 응원하는 곳이다.

'가족이란 무엇일까?'

근본이 흔들리는 시대에 이런 질문이 도처에서 제기되고 있지만, 나는 그날 빗속의 작은 텐트 안에서 가족이 무엇인지를 또렷이 보았다. 딸은 앞으로 길어야 10년쯤 우리 곁에 머물 것이다. 그때까지 베이스캠프에서 보내는 시간을 소중히 여기며 각자의 꿈을 서로 응원하면 좋겠다.

나는 마을 만들기에도 관심이 있어서, 캠핑 장소로 독특한 부흥 활동을 펼치는 마을을 고를 때가 많다. 아내도 마을 만들기에 관심이 많다. 캠핑 장소로 결정한 마을의 마을 만들기 이야기를 듣고 지금까지의 진행 상황을 확인하는 일석이조형 캠핑이 우리 가족의 캠핑 스타일이다. 이렇게 배운 교훈은 대부분 나의 X를 수행하는 데 활용된다. 사람뿐만 아니라 마을에도 X가 있어서 다양한 마을을 다니다 보면 저마다 자기 탐색을 하는 모습을 엿볼 수 있다.

여행의 어원은 他火(다비)라는 설이 있다. 여행이란 남의 불(사랑, 자비, 베풂, 수제요리, 난로의 온기, 특기 등)을 접하며 세상을 배우고 자기 생명의 존엄성을 깨닫는 일이다. 사랑스러운 아이일수록 여행하게 하라는 말이 있듯이, 여행에서 다른 지역과 타인이 발하는 빛을 접하면 고향과 가족을 생각하는 마음이 깊어지고 새로운 자신을 발견하게 된다. 이 나라에는 그렇게 여행하기 좋은 반짝반짝 빛나는 작은 마을, 희망의 마을이 많다.

2002년 여름 우리는 평소 동경하던 시만토강*으로 여행을 갔다. 가는 길에 유자 요리로 유명한 우마지 마을에 들렀는데, 그곳 식당 간판에 '맑은 물에서 놀다 가세요'라는 말이 적혀 있었다. 마을 만들기에도 철학이 있다는 생각이 들었다. 이처럼 우리는 단순한 캠핑장이 아니라 마을 만들기에 앞장서는 마을의 캠핑장을 찾아간다. 나는 그것을 '가족 캠핑형 개인 시찰'이라 부른다.

---

* 고치현 서부 지역을 흐르는 강으로 일본 최후의 '청류'로 불린다. 시코구에서 가장 긴 강이다.

반농반X에 여행이
꼭 필요한 이유

2005년 여름, 우리 가족은 홋카이도를 여행했다. 아야베에서 가까운 마이즈루항에서 페리를 타고 20시간에 걸쳐 오타루로 갔다. 꼭 가고 싶었던 곳은 유명한 아사히야마 동물원(아사히가와시)과 삿포로의 모에레누마 공원이었다. 아내가 인터넷으로 마을 만들기를 배울 만한 곳과 딸이 좋아할 만한 곳을 검색하여 여행 계획을 짜주었다. 아내는 내 X를 가장 잘 아는 사람이다.

홋카이도에 가게 된 것은 초등학교 2학년이 된 딸에게 북쪽 지역과 그 문화를 보여주고 싶었기 때문이다. 덕분에 여름철 홋카이도 여행의 대명사가 된 맑은 강 래프팅을 구시로, 후라노, 니세코 세 곳에서 경험할 수 있었다. 니세코 어드벤처 센터에서 본 티셔츠에 이런 메시지가 인쇄되어 있었다.

'Water knows the answer(물은 답을 알고 있다).'

홋카이도의 강은 딸에게 중요한 교훈을 전해주었을 것이다. 딸은 어드벤처 스타일의 니세코 래프팅이 마음에 든 모양이다. 나는 굿샤로 호수에서부터 구시로강을 조용히 떠내려가던 네이처보트 체험이 인상적이었다.

생각을 열다

더숲 인문/문학 도서목록

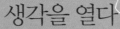

시골빵집에서 자본론을 굽다

천연균과 마르크스에서 찾은 진정한 삶의 가치와 노동의 의미

"작아도 진짜인 일을 하고 싶었다."
일본의 작은 시골빵집 주인이 일으킨 소리 없는 경제혁명

"이윤보다는 소중한 것을 위해 빵을 굽고 싶다."

빵의 발효와 부패 사이에서 자본주의의 대안적 삶을 찾는 과정을 그린 책.
작은 시골빵집 주인의 잔잔하고 유쾌한 마르크스 강의를 통해 순환하는
사회의 가치를 깨우친다. 마르크스와 발효, 두 영역이 조화롭게 접목된
오늘날의 새로운 자본론의 탄생.

★ 2015년 출판인들이 뽑은 숨어있는 최고의 책 1위!
★ 일본 아마존 사회·정치 분야 베스트셀러 1위
★ 조선·동아일보·경향·한겨레신문 선정 올해의 책(2014)
★ 교보 premium Book 숨겨진 좋은책 10 선정(2014)
★ 예스24 올해의 책 후보도서, 교보문고 선정 올해의 책, 행복한아침독서신문 추천도서
★ 서울도서·네이버 쉼 페이지에 소개

와타나베 이타루 지음 | 정문주 옮김 | 235쪽 | 14,000원

우리 가족은 2주 동안 홋카이도로 가족 캠핑을 떠났다. 딸에게는 이 여행이 천직 관광이 되었을지 모른다.

이동 시간을 제외한 12일 동안 구시로의 데시카가 마을과 후라노, 니세코에서 캠핑을 하며 지냈다. 이처럼 다양한 마을의 빛을 접하는 중에 자신의 빛(X)을 찾는 게 아닐까? 여행하던 중에 미래의 여행 형태로 '천직 관광'이 있으면 어떨까 하는 생각이 떠올랐다. 내 가설이긴 하지만, 사람은 천직을 찾기 위해 여행하는 지도 모른다. 그런 관점으로 세상을 들여다보고 싶다.

나는 이제 원하는 게 별로 없지만, 천직에 대한 영감, 정보, 개념, 그리고 그것을 자극하는 사람과의 우연한 만남을 소원하는 마음은 여전하다. 딸과 아내는 후라노와 오타루에서 체험한 돈보다마* 유리공예에 푹 빠졌다. 아이가 자기 사명을 완수하기 좋은 환경을 마련해주는 것이 부모의 역할이라고 한다. 우리 딸이 나중에 커서 돈보다마 작가가 될지도 모르는 일이다.

우리가 어릴 때에 비하면 사명을 완수하기 위한 환경이 눈에 띄게 개선되었다. 이 나라가 더욱 발전하여, X를 발견하는 여행으로 가득한 나라가 되었으면 좋겠다.

'작은 뜰 카페'의 기쁨
- 작은 농업이 확장된 작은 세계

요즘 이런 생각을 자주 한다.

'왜 전에는 여기서 식사하지 않았을까? 이렇게 멋진 공간이 우리 집에 있을 줄이야!'

보물은 의외로 가까운 곳에 숨어 있는 법이다. 어릴 때부터 정원에서 나를 지켜보았던 소나무가 말라죽어 결국 베어내게 되었다. 그 바람에 갑자기 휑해진 정원을 보고 실망하는 나에

---

* 상감옥, 잠자리구슬로도 불린다. 유리구슬의 표면에 다른 색의 유리를 모자이크처럼 작은 원형으로 여러 개 박아놓은 구슬로 대개 구멍이 뚫려 있다. 그 모습이 잠자리 눈과 비슷하다고 해서 일본 문헌에서는 '잠자리구슬'로 불린다. 유럽에서 유래한 것으로 보이며 우리나라에서는 삼국시대부터 출현한다.

게, 아내는 이곳을 카페 공간으로 만들자고 제안했다. 그 덕분에 딸까지 힘을 합하여 멋진 공간을 만들어냈다. 이 작디작은 공간을 우리는 '작은 뜰 카페'라고 부른다.

요즘은 휴일마다 아침 일찍 정원에 테이블을 갖다 놓고 온 가족이 식사를 하고 차를 마신다. 거실이나 식당에서 먹는 것과는 달리 무척 신선한 기분이 든다. 똑같은 요리라도 우리 집 정원이 캠핑장으로 변신한 것만 같다.

지난겨울 잠시 문을 닫았던 작은 뜰 카페를 봄을 맞아 다시 열려고 한다. 아내가 "작은 뜰 카페에서 점심 먹을 것이니 테이블 꺼내요!"라고 호령하면 나와 딸은 서둘러 테이블을 대령한다. 개장 날에는 아내가 교토와 오사카에서 곡물과 채소 요리를 가르쳤던 솜씨로 봄에 어울리는 특제 크로켓 정식을 만들어주었다. 딸과 아내의 웃는 얼굴을 보며 올해도 여기서 배불리 먹었으면 좋겠다고 생각한다. 이런 카페가 새로운 외식 형태로 자리 잡아 도시나 시골의 일상적인 풍경이 달라지면 좋을 것 같다.

작은 뜰 카페는 해가 지면 랜턴과 초로 불을 밝힌다. 모내기가 시작될 무렵에는 새로 둥지를 튼 개구리의 합창이 멋진 배경음악이 되어준다. 신비한 달과 반짝이는 별들을 바라보며 의자에 앉아 느긋하게 커피나 맥주를 홀짝인다. 이곳은 중요한 무언가를 되찾게 해주는 사색의 장소다. 문득 떠오른 생각을 기록하는 노트(나는 사명 노트라고 부른다)가 항상 내 곁에 놓여 있다.

소나무는 자기 목숨을 버려 우리에게 귀한 선물을 주었다. 그 덕분에 우리는 없는 것에 대한 집착을 버리고 이미 있는 것을 찾아내는 일이 얼마나 중요한지 새삼 깨닫는다. 멋진 풍경을 볼 때마다 거기에 작은 뜰 카페처럼 멋진 이름을 붙이고 싶어지는 것은 아마도 빨간 머리 앤 때문이다.

우리 집 논에도 '새의 레스토랑'이라는 이름이 있다. 우리 논은 농약을 치지 않아서 다른 논에 비해 쌀게, 미꾸라지, 우렁이, 개구리, 벌레 등 살아 있는 먹이가 많다. 새들에게는 우리 논이 최고급 유기농 레스토랑일지도 모른다.

딸이 언젠가 우리 곁을 떠나서도 씩씩하게 살아가려면 어떤 능력이 필요할까? 언어 감각도 그중 하나일 것이다. 한 친구가 "앤은 이름 짓기의 천재였어"라고 말해준 적이 있다. 그 말에 귀가 솔깃해진 나는 그 책을 읽고 나서 앤이 만든 멋진 말들을 알게 되었다. 책에서 앤은 말했다.

"그런 멋진 곳을 그냥 삼목길이라고 부르다니, 그건 아무 의미도 없는 말이잖아요. 제대로 된 이름을 붙여주어야겠어. 음, '기쁨의 하얀 길' 어때요? 상상력 넘치는 훌륭한 이름이죠?"

우리 집의 작은 뜰 카페는 무언가를 되찾게 해주는 사색의 장소다.

아직 그 수준은 못 되지만 나도 이것저것 이름을 붙여보았다. '지장보살에게 가는 길' '천사가 되는 길' '하늘로 이어진 길' 등. 어딘가에 이름을 붙이면 신기하게도 특별한 공간이 된다. 앤과 같은 마음으로 살면 시골이든 도시든 어디서나 희망을 찾을 수 있을 것 같다. 이런 태도는 없는 것에 대한 집착을 버리고 있는 것 찾기를 시작하려는 마음과도 비슷하다.

우리의 눈은 바깥으로 향하기 쉽지만, 보물은 나와 우리가 사는 지역, 우리가 사는 나라 즉 우리 주변에 잔뜩 잠들어 있다. 그것을 찾아내는 것이 반농반X인의 중대한 사명이다.

길러서 쓰기
- 남을 배려하는 반농의 지혜

언제부턴가, 딸이 태어나면 오동나무를 심어야겠다고 생각
해왔다. 내가 고등학생 때 할머니가 예전에는 여자아이가 태어
나면 오동나무를 심었다가 결혼할 때 그것을 베어 장롱으로 만
들어주었다는 이야기를 들려주었기 때문이다. 오동의 특성을
잘 알고 확실한 장래(결혼할 때)를 대비하는 선조의 지혜에서 미
래를 살아가는 데 필요한 힌트를 얻는다. 이 '길러서 쓰기'는
면면히 발전, 계승된 철학이자 생활의 미학이다.

오동나무 장롱 이야기가 내 출발점이 아닐까 생각한다. 1990
년대 초, 일곱 세대 앞을 배려하는 북미 원주민 이로쿼이족의
철학을 접하고 내 안의 무언가가 바뀌기 시작했다. 그리고 그
순간, 할머니에게 들은 오동나무 장롱 이야기가 떠올랐다. 그
후로 먼 미래를 내다보고 행동하는 지혜, 민간에 전승된 지혜
를 국내외로부터 수집하기 시작했다.

오동나무 장롱은 일본의 습한 기후로부터 의류를 보호할 뿐
만 아니라 벌레가 싫어하는 타닌이 많아서 방충 효과가 높다.
낡을수록 불에 강해져 화재에도 잘 타지 않아 아끼는 비싼 옷
을 보관하는 데 요긴하다. 참고로 금고에도 내구성을 강화하

고자 오동 판재를 붙인다고 한다. 일본의 풍토에서 오동나무가 인간과 비슷한 주기로 생육한다는 점을 잘 활용한 풍습이다. 오동나무 장롱은 그야말로 하늘의 은혜와 선조의 지혜 및 솜씨가 합해진 천인합일天人合一의 결과라 할 수 있다. 미래를 내다보고 길러서 쓰는 선조의 지혜에 감탄할 수밖에 없다.

고마쓰 마사유키 씨의 『콩을 심을 때 세 톨씩 심어라』[3]에도 이런 말이 나온다.

"옛날 농부들은 콩을 심을 때 반드시 세 톨씩 심었다. 한 톨은 하늘의 새를 위해, 한 톨은 땅의 벌레를 위해, 한 톨은 인간을 위해. 새와 벌레에게는 아무것도 주지 않고 인간만 갖겠다는 욕심을 부려서는 안 된다. 새와 벌레가 살 수 없는 세상에서 인간이 살 수 있을 리가 없다. 옛날 농부는 순환하는 생태계의 일부를 차지하는 인간의 삶을 무엇보다 소중히 여겼다."

여행자를 위해 길가에 과일나무를 심었다는 이야기도 들었다. 궁금해서 조사해보았더니 나라奈良 시대 도다이지東大寺의 승려 후쇼普照의 제안에 따라, 여행자가 주린 배를 채우며 쉬어갈 수 있도록 전국의 역로에 과일나무를 심었다고 한다. 이것이 우리가 계승해야 할 철학이다. 그런 의미에서 아야베 인쇄를 운영하는 내 친구 우메하라 데쓰시 씨의 '감 남기기'라는 수필을 소개하고 싶다.

2년 전쯤, 일본에 얼마 전까지도 감 남기기라는 풍습이 있었다는 것을 알았습니다. 마을이나 뜰에 열린 감을 전부 따지 않고 일부러 남겨두는 것인데, 열매를 맺게 해준 자연에 감사하는 마음을 담아 겨울을 넘길 동물과 새의 먹이로 남겨두었다고 합니다. 전에는 그런 풍습이 있는 줄 전혀 몰랐습니다.

그래서 제 삶을 돌아보았습니다. 감을 하나라도 더 많이 따려고 2층에 올라가 손을 뻗기도 하고 대나무로 도구를 만들기도 했던 기억이 떠올랐습니다. 감으로 생계를 꾸리는 것도, 감밖에 먹을 음식이 없는 것도 아닌데 말이죠. 완전히 자기중심적, 인간 중심적으로 살아왔습니다.

옛날에는 지금처럼 물자가 풍부하지 않아 모두 근근이 먹고 살았을 것입니다. 음식이 남아서 버리는 일도 없었겠지요. 그런데도 감을 남겨둘 마음의 여유가 있었다니 놀랍습니다. 문명의 이기가 적었던 만큼 자연과 인간의 거리가 가까워서, 자연의 은혜로 자연 속에서 살고 있음을 실감할 기회가 많았던게 아닐까 싶습니다.

과학의 진보를 부정하는 것은 아닙니다. 문화와 전통과 과학 기술의 조화가 필요하다는 이야기입니다. 일본의 문화, 전통, 역사를 잘 배워서 나뿐만 아니라 남까지 생각하는 마음, 물질적으로 풍요해진 일본뿐만 아니라 부유하지 않은 다른 나

라까지 생각하는 마음, 인간뿐만 아니라 다른 동식물까지 생
각하는 마음, 그런 마음을 갖고 싶습니다.(『월간 NEXT』 2002년
2월호)

위의 수필을 읽다가 한국 작가 이어령 씨의 책에도 비슷한
글이 있었던 것이 떠올랐다. 한국 사람들 역시 굶주릴 때에도
열매를 다 따지 않고 새 먹이를 남겨두었다고 한다. 그 글을 읽
었을 때 마음이 떨렸다. 이런 철학들이 내 인생관에 큰 영향을
미쳤다.

민속학자인 야나기타 구니오 씨의 책 『콩 잎과 태양』[4]에 이런
글이 있다.

"마을 길을 걷다가 화재 감시탑*이 삼나무 한 그루로 이루어
져 있다는 것을 알았다. 마침 나무가 두 갈래로 나뉜 곳에 쇠
막대를 통과시켜 발판을 올려놓은 것이 절묘했다. 처음에는 딱
들어맞는 나무를 잘도 찾았다며 감탄했는데, 최근 들어 처음부
터 계획적으로 나무를 그렇게 키웠다는 사실을 알게 되었다."

야나기타 씨는 사색을 이어나간다.

"마을 장로들은 나무의 미래와 함께 마을의 미래를 예측해야

---

* 히노미야구라. 화재 방지를 위해 에도막부 시대(1603~1867년)에 마을마다 하나씩 설치했던
  감시탑. 대개 나무 위에 설치했다.

했다. 우리가 내일 먹을 쌀을 마련하듯 그들은 30년 후 이웃 마을의 화재를 알아채고 사람들을 불러모아 도우러 가고자 이 삼나무를 길렀다.”

30년 후에 일어날지도 모를 이웃의 화재를 알아채기 위해 나무를 길렀던 선조들. 자신에게만 집중하느라 현대인의 시야는 시간적, 공간적으로 매우 좁아졌지만, 지금이라도 긴 세월을 내다보는 철학을 되찾아야 하지 않을까? 우리는 후세를 위해 무엇을 할 수 있을까? 이 질문의 답을 깊이 생각하여 행동을 개시하는 것이야말로 반농반X의 농부가 담당할 역할이다.

농사지을 땅은 어떻게 찾을까?

반농반X를 결심하고 북쪽으로 향하는 사람도 있고 남쪽으로 향하는 사람도 있다. 산을 좋아하는 사람도 있고 바다를 좋아하는 사람도 있다. 북쪽의 홋카이도가 궁금한 사람도 있고 남쪽의 오키나와를 동경하는 사람도 있을 것이다.

도쿄에 가깝고 온난하며 바다를 끼고 있는 이즈를 좋아하는 사람도 있고, 도호쿠나 규슈의 전통적 정취에 마음이 끌리는 사람도 있다. ‘황천의 땅’으로 불리는 구마모토에 매료되는 사람도 있고, 시만토강의 맑은 물이나 사카모토 료마*에 이끌려 도사 지역으로 향하는 사람도 있다. 그러고 보니 2005년 여름에 여행했던 홋카이도의 자연 안내인의 90퍼센트가 외부에서 온 청년들이라고 했다. 모두 니세코나 구시로 등지의 산과 강에 매료되어 그곳을 선택한 것이다.

사는 지역이란 X만큼이나 신비한 존재다. '왜 그 지역에 끌렸느냐'는 질문은 '왜 그것을 X로 골랐느냐'는 질문처럼 명쾌하게 대답하기가 어렵다.

지인도 없는 시골로 갑자기 이주하는 것을 '패러슈트(낙하산)형 귀농'이라고 한다는데, 이주할 곳에 아는 사람이 있으면 든든한 것은 사실이다. 그러나 아는 사람이 없어도 걱정할 필요가 없다. 좋아하는 일을 매개 삼아 지인을 만들면 되기 때문이다. 하지만 그러려면 자신을 표현하고 꿈을 표현해야 한다. 그렇지 않으면 사람들이 당신이 누구인지 몰라서 도움을 줄 수 없다. 지역 선택이나 X는 그런 면이 비슷하다. 자신을 표현해야만 길이 열린다.

'장소가 정해져야 수업이 시작된다'는 말이 있다. 그 말처럼, 장소만 정하면 X는 의외로 쉽게 찾을 수 있을지도 모른다. '장

---

* 일본 에도시대의 무사로, 대정봉환을 주도해 실질적으로 일본의 근대화를 이끈 인물. 도사번(土佐藩)은 그의 출신지다.

소를 어떻게 찾느냐'와 'X를 어떻게 찾느냐'는 '배우자를 어떻게 찾느냐'와 비슷한 질문인지도 모른다.

아야베는 1990년 무렵부터 이주자가 눈에 띄게 늘기 시작했다. 처음에는 창작 활동을 하는 사람이 많았지만 최근에는 『반농반X의 삶』에서도 소개했듯이 환경 문제에 관심이 있는 반농반X 인구가 늘고 있다. 아야베를 선택한 이유는 사람마다 제각각이다. 그러나 모두 자신의 삶의 방식, 생활 방식을 진지하게 모색하다가 용기를 낸 결과 반농반X를 선택했다는 점은 같다.

나는 개인적으로, 자신의 X를 성취할 수 있는 지역을 선택하라고 말하고 싶다. 따라서 후보 지역의 사명을 확인하는 것도 좋은 방법이다. 내 경우에는 미야자키현의 아야 마을에 관심이 가서 몇 번이나 찾아갔다. 숲을 지키는 카리스마 촌장 고다 미노루 씨와 유기농업으로 유명한 마을이다. 고다 씨는 세상을 떠났지만 그 뜻은 계승되어 마을을 더욱 멋지게 변화시키고 있다. 이처럼 지역 지도자의 의식 수준은 매우 중요하다. 그런 의미에서 지역의 사명에 주목하는 것도 좋은 방법이다.

인재의 힘, 사람의 철학으로 성패가 갈리는 시대다. 카리스마 시장이나 촌장, 카리스마 관광 기획자가 있는 마을(교토부 미야마 마을, 효고현 야치요 마을, 나가노현 이다시 등), 열정적인 NPO 법인이 있는 마을 등, 받아들일 자세를 갖춘 지역과 그렇지 않은 지역의 차이가 점점 벌어질 것이다. 모든 일에 양극화가 현저해지고 있다. 지역이든 지방 단체든 사명의 수준과 철학의 차이가 점점 더 확연해진다.

만약 관심이 가는 지역이 있다면 가족과 친구, 지인과 의논해보는 것이 좋다. 최근에 아야베에 관심을 보이는 오사카의 한 청년에게 주위에 의논하거나 편지를 써보라고 조언한 적이 있다. 그 청년은 내 조언을 즉시 실행했더니 어머니가 "네 초등학교 때 담임선생이 아야베 출신이잖니"라고 알려주었다고 한다. 어쩌면 그 선생님을 통해 괜찮은 빈 집을 소개받을 수 있을지도 모른다. 그리운 선생님을 재회하는 것은 물론이고 뜻밖의 행운까지 굴러들어올지 모르는 것이다. 꿈은 말하거나 적어서 알리지 않으면 결코 가까이 다가오지 않는다.

자신의 필생의 사업이나 철학에 관한 이야기를 나눌 사람이 지역 안에 있는지도 고려하자. 가치관이 같은 사람을 만나는 기쁨은 예나 지금이나 미래에나 똑같으리라 생각한다.

지연, 혈연, 직연(직장의 인연)이라는 말이 있는데, 작가인 사카이야 다이치 씨는 그 외에 호연好緣이라는 말을 자주 썼다. 보람 있는 인생을 위해서는 좋아하는 일이 가장 중요하다고 생각하지만, '호연'이라는 관점에서 지역을 선택하는 것도 나쁘지 않을 것이다.

최근 들어 사람들과 이야기하다 보면, 나중에 부모를 돌보게 될지 모르니 부모님 집과 가까운 곳으로 이주해야겠다고 하는 사람이 많다. 그런 의미에서 대도시로부터 반경 100킬로미터 이내 지역을 찾는 수요가 많아질 듯하다. 한편 그런 이야기를 듣다 보면 반농반X로 병간호가 필요 없는 몸을 만들어야겠다는 생각도 든다.

반농반X로 먹고살기 위하여

장사하는 사람들 사이에는 "손해와 이득 중 하나를 택해야 한다면 손해를 택하라"는 말이 있다. 속도를 늦추고 사명을 강화하는 반농반X의 정신도 이런 상도商道와 일맥상통한다.

먹고사는 일과 삶의 의미를 동시에 고려하며 평화롭고 지속 가능한 세상을 추구한다면, 단순한 생활을 통해 사회적인 성과를 내는 생활이 이상적이다. 설사 그것이 어렵거나 실험적일지라도 말이다.

창업을 지향하는 사람이 전부 성공하지는 않는다. 반농반X도 마찬가지다. 어쩌면 성공 확률은 어떤 일이든 똑같을지도 모른다. 언젠가 이런 말을 들었다.

"성공의 반대는 실패가 아니다. 성공의 반대는 중도에 포기하거나 중단하거나 처음부터 행동하지 않는 것이다."

창업이나 마을 만들기에 성공 법칙이 있듯 반농반X에도 분명 성공 법칙이 있다. 반농반X를 성공하는 데 필요한 요령이나 법칙을 모두 찾아 공개하면 좋겠다. 이 또한 내 사명이라고 생각한다. 되도록 많은 사람이 반농반X의 삶에 도전할 수 있도록, 노하우를 언어로 전달하며 용기를 주고 싶다.

X만 찾으면 자영업이나 사회 공헌 활동을 하는 사람뿐만 아니라 회사원이나 공무원도 반농반X에 도전할 수 있다. X가 무엇이든 반농반X는 성립한다. 단, 무슨 일을 하든지 에너지를 분산하는 것은 좋지 않다. 자신이 가장 자신 있는 분야, 사회에 공헌할 수 있는 분야, 가장 창조적인 분야, 가장 파급력 있는 분야, 성과를 가장 많이 낼 수 있는 분야에 에너지를 집중하는 것이 중요하다. 그래서 나는 강연 때마다 이런 말을 한다.

"농지 탐색은 쉽지만 X 탐색은 어렵습니다. 그래서 X만 정해지면 반농반X는 성립한다고 보아도 됩니다. 반농반X를 실천하는 것만큼 도시에서 회사원으로 사는 것도 중요하다고 생각합니다."

전원생활을 잘하기 위한 두 가지 조건

'도움을 받는 것도 능력'이라는 말이 있다. 이것은 전원생활에도 해당되는 말이어서, 소통이 잘되어야 전원생활도 잘할 수 있다. 잘 듣는 능력도 중요하다. '경청 봉사'라는 것이 있다고 하는데, 전원생활에도 경청이 매우 중요하다.

하지만 모든 일에 자신을 앞세우는 사람이 많다. 모두 누군가에게 자기 말을 들어달라고 요구하기 바쁘다. 만약 다른 사람과 이야기하기를 좋아한다면 그 취미를 살려 마을의 지혜를 수집하는 일을 시작해보면 어떨까? 누구에게나 X가 있다. X를 발견하여 지역 사회에 도움을 주는 일은 중요하다. 자신이 사는 지역의 매력을 찾아내고 전파하는 재능은 무엇보다 귀중하다. 그리고 그 기본은 '센스 오브 원더'가 되어야 한다.

대인 관계 이외의 또 다른 중요한 능력은 만들기와 수작업이다. 이것 역시 대단히 중요한 능력이다. 무엇이든 돈으로 살 수 있는 사회이기에 '있는 것'으로 무언가를 만들어내는 능력은 아름다울 정도다.

나는 전원생활을 잘하는 사람의 조건으로 위의 두 가지 능력을 들고 싶다. 소통 능력이나 창의력이 지금은 변변찮다 해도 그 중요성만 인식하면 전원생활은 차차 자연스럽게 능숙해질 것이다.

NHK TV 〈이웃의 저력〉 스튜디오 촬영 때였다. 60~70대로 보이는 한 도시 남성이 반농반X는 젊은 사람을 위한 젊은 사상 같다고 말하는 것을 듣고 그럴 수도 있겠다 싶었다. 실제로 『반농반X의 삶』의 독자 중 90퍼센트가 20~40대다. 메일로 감상문을 보낸 사람이나 아야베로 나를 찾아온 사람들도 마찬가지다. 개인적인 의견이지만, 비교적 이 연령대가 주로 자기 탐색을 하기 때문이 아닐까?

프랑스에서도 도시에서 시골로 이주하는 새로운 시골 사람이 늘어나고 있다. 그들은 주로 20~30대, 고학력, 환경 문제에 대한 관심이라는 세 가지 공통점이 있다고 한다. 여기서 환경 문제에 관한 관심이 그들의 사명 의식을 보여준다.

시대 흐름에 민감한 젊은이들의 자기 탐색 능력에 주목해야 한다. 이와 같은 유연한 발상 능력을 좀 더 사회화할 수는 없을까? 기업에서 오래 일하며 사육당하다 보면 그런 의식이 점차 퇴화하기 쉽다. 나 역시 10년 동안 한 통신판매 회사에서 일했다. 창조성을 중시하는 회사였기에 그나마 혜택을 받은 편이었지만, 회사 생활에 젖어 있다 보면 주어진 환경에 익숙해져 내 미래를 스스로 만들어나갈 힘을 잃을 것 같았다.

반농반X는 정년 귀농과는 전혀 다른 개념이다. 물론 정년 귀농을 시작한 사람도 자신의 사명에 눈뜨면 반농반X를 시작할 수 있지만 말이다. 요즘 베이비붐 세대를 유치하려고 각 지역 단체가 경쟁하고 있는데, 과연 그것이 정답일까? 자신의 사명에 눈뜬 젊은이들을 적극적으로 유치하는 것이 낫지 않을까? 한 지역, 한 마을 정도는 젊은이들만 끌어들인다고 나서도 재미있겠다. 선구적이고 독창적인 시책이 기대된다.

젊은이들 중에는 프리터*, 니트**라는 개념만으로 분류하기 어려운 사람들이 있다. 『반농반X의 삶』의 젊은 독자들과 이야기하는 동안 아직 이름이 붙지 않은 부류가 있음을 알게 되었다. 이름 없는 사람들, 보이지 않는 세대가 있는 것이다. 대화해본 결과, 그들이 나와 나이 차이가 꽤 많이 나는데도 지식과 의식 수준이 매우 높다는 점에 놀랐다. 그들은 자신의 위치와 사명만 찾으면 미래를 창조하는 멋진 일을 해낼 것이다. 지금으로 말하자면 '하고 싶은 일이 없으니 직접 만들자!'라고 나서도 괜찮은 시대다. 자신의 직업, 상호, 직함까지 스스로 만들어보자.

건강과 환경을 생각하는 생활 방식인 LOHASLifestyle of Health

---

* 영어 프리(free)와 노동자를 뜻하는 독일어 아르바이터(arbeiter)를 합성한 일본의 신조어. 능력이 되는데도 직업을 갖지 않고 평생 아르바이트만으로 생계를 이어가는 '사회인 아르바이터'를 지칭한다.

** 일하지 않고 일할 의지도 없는 청년 무직자를 뜻하는 신조어. Not in Education, Employment or Training(NEET)의 줄임말이다.

and Sustainability를 미국에서 일본으로 전파한 피터 페더슨Peter David Pedersen은 "무언가 새로운 일이 시작될 때는 새로운 말이 필요해진다"고 말했다. 새로운 이름이 붙은 라이프스타일을 제안하면 새로운 의식을 지닌 젊은 세대가 움직일 것이다. 나는 그런 일에도 도전하고 싶다.

제 3 장

나의 X
- 사명 다양성 사회를 추구하다

'좋아하는 일'을 사회에 환원하는 방식에 관하여

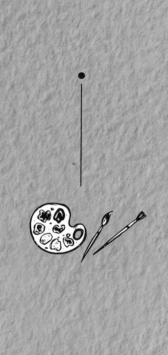

'마을의 빛 카페'
– 선인의 지혜를 계승한다

내가 마흔에 시작한 '마을의 빛 카페' 활동은 앞으로 내 X의 핵심이 될 것이다. 이 활동을 시작한 계기는 두 가지다.

첫 번째 계기는 "한 노인이 세상을 떠나는 것은 도서관 한 채가 없어지는 것과 같은 일이다"라는 아프리카 속담을 들은 것이고, 두 번째 계기는 사토치 네트워크*의 사무국장인 다케다 준이치 씨로부터 "지금이라도 73세 이상(1945년 이전에 태어난 사람들)의 지혜를 계승하지 않으면 때가 늦을 것이다"라는 말을 들은 것이다.

이제 20세기 초반에 태어난 사람들도 상당히 고령이 되었다.

---

* Network for Sustainable Rural Communities. 시골 문화의 보전과 순환형 사회 만들기를 추진하는 NGO 단체. http://satochi.net/

마을의 빛 카페의 첫 번째 손님은 예전에 국철 역장을 지낸 시오미 가쓰미 씨다. 그는 '노력은 천재를 이긴다'는 좌우명으로 현재 아야베의 명산품 생산에 힘쓰고 있다.

예전의 지혜가 점점 사라지고 시간도 별로 남지 않았으니, 앞으로 10년 안에 승부를 내야 한다. 방대한 지혜와 경험, 기억을 보유한 지역의 보물, 조상의 지혜를 조금이라도 계승해야 한다.

마을의 빛 카페란 매월 인생의 대선배(75세 이상, 약 12킬로미터 이내 거주) 한 분을 찾아가 빛(지혜)을 나눠 받음으로써 인생의 법칙과 키워드를 발견하고 계승하는 활동이다.

2005년 4월 드디어 첫 번째 선배의 댁을 방문했다. 아야베에서 조금 떨어진 마을에 살면서 아야베의 명산품인 무라사키즈

킨(흑대콩) 생산에 힘쓰고 있는 시오미 가쓰미 씨(83세)다. 마을의 빛 카페를 도우러 온 농업 전문 사진작가 스미오카 아쓰시 씨(NPO 법인 일본 지속가능공동체센터 사무국장)도 동행했다. 시오미 씨에게 좌우명을 묻자 초등학교 때 은사님께 들은 '노력은 천재를 이긴다'라는 말을 전해주었다. 그는 평생의 과업인 덴마크 체조와 단전호흡 등으로 매일 건강을 관리한다고 했다.

이렇게 한 달에 한 분이면 1,000명을 인터뷰하는 데 80년이 걸릴 것이다. 100명만 해도 8년인데, 주어진 시간은 고작 10년 정도다. 그래도 일단 40대에는 적어도 한 달에 하루씩 이 활동을 전개하기로 했다.

빛이라는 말이 나와 또 반복하는 이야기지만, 관광이란 낯선 마을에서 빛을 보는 일이다. 미야마 마을(아야베 동쪽에 인접한 마을)에 사는 억새 지붕 장인 나카노 마코토 씨는 "나도 그런 빛이 되고 싶어서 억새 지붕 기술을 배웠다. 내 일에 자부심을 느낀다"(『BISIS』 2000년 가을호)라고 말했다. 그분들 모두가 그런 빛이다. 마을의 빛 카페를 시작하길 잘했다고 생각한다. 누군가 하겠지라고 생각하지 말고, 지금 마음속에 떠오른 중요한 일을 즉시 행동에 옮기자.

2005년 1월에는 '연구소★연구소: 작은 연구소와 우리의 사명'이라는 틈새 블로그를 개설했다(http://xseed.ameblo.jp/). 사명

감 넘치는 일본의 작은 연구소들을 소개하는 곳이다. 나는 이 블로그를 통해 모든 사람이 자신만의 사명을 깊이 깨닫고 사회를 멋지게 변혁해나가는 1인 1연구소 시대의 가능성을 모색하려 한다.

나에게 반농반X만큼이나 중요한 개념인 사명 다양성의 관점에서, 앞으로는 전 세계의 작은 연구소들로부터 배울 것이다. 이미 100개 이상의 연구소를 소개했다. 전 일본 마을 부흥 연구소, 복화술 연구소, 빗물 재활용 연구소, 이치조 탁구 연구소, 간벌재* 연구소, 돋보기 연구소, 초상화 판촉 연구소, 개 문제 연구소, 도쿄 산책 생활 연구소, 료마식 사고방식 연구소 등. 다 소개하지 못할 정도로 많은 연구소가 이미 생겨났으며 앞으로도 생겨날 것이다.

연구소란 그 사람의 사명을 적확히 표현하는 도구가 아닐까 싶어 더욱 관심이 간다. 매일 조금씩이라도 좋으니 무언가를 쌓아나가다 보면 10년 후에는 정말로 독보적인 존재가 될 수 있다. 무엇이든 좋으니, 자신의 주제를 심화하는 1인 연구소가 나라 안에 가득해지는 날이 오기를 바란다.

지금은 사람뿐만 아니라 지역이나 국가도 자기 탐색을 하는 시대다. 합병으로 탄생한 새로운 시(市)들도 사활을 걸고 자기

---

* 숲의 밀도 조절 등을 위해 듬성듬성 자른 나무.

마을의 빛 카페의 손님인 니시야마 시게코 씨는 아야베 단가短歌 모임(제비꽃회)의 핵심 회원이다.

마을의 빛 카페의 손님인 다나카 슈 씨는 마을에서 '걸어 다니는 옥편'으로 통한다.

탐색을 하고 있다. 그 노력을 성공으로 이끄는 열쇠는 자신의 사명을 명확히 의식하는 사람과 조직일 것이다.

또 하나의 내 사명은 조금 거창하게 들릴지 모르지만 21세기 아야베의 개념을 언어화하는 일이다. 사람뿐만 아니라 조직과 지역, 국가도 이 어렵고 불확실한 시대를 항해하기 위한 나침반, 즉 키워드가 필요하다. 아야베의 천직은 무엇일까? 시간이 걸리더라도 내가 꼭 도전해야 할 주제다.

부업 예술가가 되자
- 자기 손으로 무언가를 만들어내기 위하여

아야베로 이주한 예술가만 40명이 넘는다. 그들은 도예나 유리, 목공 등 다양한 창작 활동을 한다.

등불 작가인 오이시 아케미 씨도 그중 하나다. 덩굴이나 잔가지 같은 농촌의 소재, 유목* 같은 어촌의 소재 등 지구의 멋진 조각들이 오이시 씨의 손을 거치면 이 세상에 하나뿐인 등불(조명)로 다시 태어난다.

오이시 씨는 태풍이 끝나면 바다로 간다. 태풍이 지나간 바

---

* 流木, 물에 떠서 흘러가는 나무.

닷가에 유목이 많이 떠내려와 있기 때문이다. 바다로 떠내려온 유목은 쓸데없는 부분이 깎여나가서 정말 아름답다고 한다. 우리는 지금까지 물자가 넘쳐나는 덧셈 생활을 해왔지만 앞으로는 뺄셈 생활이 요구된다. 서구에서 유행에 앞장서 걷는 사람들은 전부터 일본의 젠禪에 주목해왔다. 유목에서도 그런 단순한 매력을 느낄 수 있다.

바다로 가면 나도 유목을 찾느라 정신이 없어 아내와 딸에게 '적당히 좀 해!' 하고 야단을 맞는다. 그래도 돌아오는 차 안에 유목을 많이 싣고 돌아온다. 유목과 잔가지를 조합해서 단순한 엽서꽂이를 만드는 수준이지만 말이다. 예술과는 인연이 없는 내가 유목을 만나 모노즈쿠리*의 매력에 눈뜨고 말았다.

하루는 환경 교육에 적극적인 한 중학교 선생님에게 "자연의 소재를 활용한 예술품은 귀중한 감각을 길러주므로 아이들이 평생 간직할 작품을 만들어낼 것이다"라고 권했더니 정말로 종합 학습 수업에서 자연 소재 작품 만들기를 가르친다고 했다. 시골 마을에 묻혀 있는 지역 자원을 찾아내는 감각을 개발하여 아이들이 직접 세상에 하나뿐인 작품을 만들어보도록 하겠다는 것이다.

"이제는 어떤 분야에서든 환경 문제를 외면할 수 없어. 하지

---

* '혼신의 힘을 다해 최고품질 제품을 만든다'라는 뜻으로, 일본 사회의 장인정신을 의미한다.

만 우리에게는 창조력과 상상력이 있잖아? 그리고 지구는 우리가 만들 재료를 가지고 있는 보물창고야."

선생님이 아이들에게 수업 취지를 설명하고 만들기를 하게 했는데, 아이들이 어찌나 진지하던지 선생님 본인도 깜짝 놀랐다고 한다. 만들기가 끝난 후, 모든 학생이 자신의 작품을 보여주는 발표회 시간을 가졌다. 나도 그 자리에 있었는데 아이들의 눈이 얼마나 반짝이던지, 그 기쁜 표정들이 아직도 잊히지 않는다. 나는 수업이 끝날 즈음 아이들에게 만들기가 즐거웠던 사람은 작품을 계속 만들어나가길 바란다는 진심을 전했다.

어른이든 아이든 "부업으로 예술을 하고 있습니다!"라고 자신을 소개할 수 있는 사회였으면 좋겠다. 일요 음악가라고 해도 좋고 정원 설계사라고 해도 좋다. 중 · 고등학생도 전문 일러스트레이터로 일할 수 있는 시대다. 10대 청소년이라도 본업은 예술가라고 소개할 수 있지 않을까?

자기 손으로 무언가를 만들어내는 능력이 있으면 어떤 문제든 남이나 시대 탓으로 돌리지 않고 스스로 즐겁게 해결해나갈 수 있을 것 같다. 환경, 예술, 의도(메시지). 앞으로 이 세 가지가 중요하리라 생각한다. 부업 예술가가 되어 자신을 표현해보자. 분명 예술이 몸과 마음의 원기를 회복시켜줄 것이다.

간벌재 연구소
– 산의 힘을 되찾는다

거듭 말하지만, 내가 나고 자란 마을을 걷고 우리 집 산에 오를 때마다 오사카 사토야마 클럽의 오마타 요시로 씨의 말에 공감하게 된다.

"어떤 산이든 반드시 주인이 있습니다. 시골 마을의 산은 그 주인의 마음과 손길에 따라 귤산 또는 상수리산 또는 삼목산이 됩니다. 하지만 주인에게 아무 마음도 없으면 산은 황폐해지고 맙니다."

우리 동네 사람들은 대부분 산을 갖고 있다. 산 하나를 통째로 소유한 것이 아니라 산의 일부를 소유한 정도다. 우리 집도 그렇다. 초등학교 때(1970년대 초) 온 가족이 산에 가서 경사가 심한 곳에 삼나무와 노송나무를 심었던 기억이 난다. 그러나 언제부턴가 대부분의 가정이 산을 신경 쓰지 않게 되었다. 지금은 자기 산의 경계조차 모르는 사람이 많다. 산은 시시각각 변하기 때문이다. 연료 혁명으로 장작과 섶나무(잔가지 등)가 부뚜막과 화로에 쓰이지 않게 된 것이 그 원인이다. 요즘은 처마 밑에 장작을 잔뜩 쌓아놓은 집을 보기 어렵다.

전에 누군가, 자신이 어릴 때인 1950년대에 부모와 함께 장작을 짐수레에 싣고 마을로 가서 장작을 팔아 돈을 많이 벌었다는 이야기를 들려주었다. 잘라도 다시 자라는 상수리나무 등이 지속적인 혜택을 가져다주었던 것 같다.

한번은 이웃의 후쿠치야마시에 새로 생긴 환경 시민회의 회원들을 데리고 우리 집의 황폐한 산이 있는 미사카 고개(후쿠치야마시와의 경계)에 올랐던 적이 있다. 옛날에는 그 고개 근처가 다 논이었지만 지금은 방치되거나 나무를 심어서 울창한 인공 숲이 되어 있었다. 나무에 넝쿨이 감겨 있고 멧돼지 덫이 놓여 있는 등 조금 삭막한 분위기였다. 고개를 다 오르니 나뭇잎 사이로 햇빛이 비쳐 들었다. 기분 좋은 땀을 흘리며 모두 마음을 누그러뜨리는 순간, 새소리가 들려왔다. 그때까지는 모두 대화하면서 걸었는데, 잠시 멈춰 서서 눈을 감고 새가 몇 종류나 되는지 알아맞히는 게임을 했다. 겨우 5분 정도의 짧은 시간이었지만 명상을 하는 듯한 고요함을 느낄 수 있었다.

그 순간 문득 이런 생각이 들었다.

'산에는 소음도 필요하고 이런 정적도 필요해. 산에 올라가는 사람이 조금이라도 늘어났으면 좋겠다.'

한 사람이라도 더 많은 사람이 산에 들어가 산에게 약간의 소음을 가져다주고, 산이 주는 정적 속에서 혼자만의 행복한 명상을 즐기면 좋겠다. 소음과 정적. 산에 그 두 가지가 필요하다는 생각을 하다 보니 논과 밭에도 해당되는 이야기구나 싶었다.

2005년에는 사토야마네트 아야베에서 '아야베 마을 쌀 만들기 강좌'를 열었다. 마을의 무논(물이 고인 논)이 오랜만에 떠들썩해졌다. 인구가 줄어들고 인간관계가 소원해지는 요즘, 그런 떠들썩함이 더욱 귀하게 느껴진다. 자신과의 싸움과 같은 손모내기를 할 때도 처음에는 모두 시끄럽게 수다를 떨며 일하다가 차츰 입을 닫고 이것저것 사색한다. 산일이든 밭일이든 논일이든, 이런 떠들썩함(교류)과 조용함(사색, 자기탐구)이 공존하는 것은 매우 중요하다. 어쩌면 모든 일에 해당되는 보편적인 원칙 같다.

교토의 사찰인 단노호린지檀王法林寺에 10여 년 만에 장터가 부활했는데, 나도 그 자리에 초대받아 사람들 앞에서 이야기를 하게 되었다. 그때 도심 한가운데에 있는 사찰도 똑같다는 사실을 깨달았다. 그곳에도 떠들썩함과 조용함이 공존하고 있었다. 상점가에 가도 분명 마찬가지일 것이다. 어촌도 과밀한 도시도 다름없을 것이다.

하지만 요즘 산에 오르는 사람이 과연 얼마나 될까? 혼자서 산에 올라가려면 상당한 용기가 필요하다. 산이 황폐하면 가고 싶은 마음도 약해지니 그야말로 악순환이다. 주인에게 아무 마음도 없는 산, 사람의 관심이 희미해진 산. 우리 집 산도 그중 하나였다. 마음이 현실을 만든다는 것이 사실이었다. 세상만사는 마음의 형상이다.

아야베로 돌아온 첫해 있던 일이 기억난다. 눈이 많이 와서 삼나무와 노송이 군데군데 쓰러져 길을 가로막아 어쩔 수 없이 전기톱을 사 가지고 산에 들어갔다. 아야베로 돌아와서 한 첫 쇼핑이 전기톱이라니, 어쩐지 상징적인 추억이다.

그런 특별한 경우를 제외하고는 대개 한 해에 몇 번, 산나물을 캐러 산에 오른 것이 고작이었지만 요즘은 한 달에 한 번씩 꼬박꼬박 산에 오른다. 2002년 여름 아야베에 설립된 새로운 NPO 법인인 간벌재 연구소 덕분이다. 그곳 대표인 미키타 히데카즈 씨는 오사카부 다카쓰키시 출신으로, 대학을 졸업한 후 환경에 관련된 연구소에 근무하다가 인연이 닿아 아야베로 이주했다. 그는 연구소 설립 당시 20대 후반이었는데, 아야베의 자연과 사람에 금세 매료되었다고 한다.

간벌재 연구소의 직원들은 모두 개성이 뚜렷하다. 조부가 목수였던 사람, 신출내기 목수인 사람, 가구 제작을 배우는 사람, 산과 나무가 좋아서 삼림조합으로 이직한 사람 등. 언젠가 그들 미키타 씨 일행과 산에 올라가며 '진심으로 좋아하지 않으면 이 일을 계속할 수 없겠구나'라는 생각을 했다. 그들을 보고 있으면 인도의 사상가 크리슈나무르티의 말이 떠오른다.

"꽃이 좋으면 정원사가 되어라. 자신이 좋아하는 일을 할 때 거기에는 두려움도 비교도 야심도 없다. 다만 사랑이 있을 뿐이다."

한 사람의 마음이 사람의 마음을 움직이고 산을 바꿔놓는다. 몸을 움직이며 순수한 땀을 흘리고 싶은 사람, 간벌재로 무언가 만들어보고 싶은 사람, 일본의 산이 궁금한 사람은 꼭 한 번 아야베를 찾아주기 바란다.

울퉁불퉁 박물관
- 방치된 자원을 활용한다

"요즘 아이들은 활기가 없다. 그런 현상은 이미 절정에 도달한 것 같다. 그럼 보육원이나 학교 운동장을 울퉁불퉁하게 만들면 어떨까?"

애니메이션의 대가 미야자키 하야오 감독이 이렇게 말하자 이 말을 들은 메이지학원대학의 쓰지 신이치辻信一 교수는 자신의 대담집 『평화 촛불』[5]에서 이렇게 말했다.

"이건 운동장만의 이야기가 아니다. 여기저기 가는 곳마다,

심지어 우리 마음속까지 무거운 롤러에 눌려서 평평해진 것 같다. 실제로 우리는 산을 깎고 골짜기를 메우고 나무를 베어 평평한 땅을 만든 뒤 콘크리트로 단단히 봉해버렸다. 이런저런 평준화를 통해 문화를 문화로, 자연을 자연으로 건강하게 만드는 울퉁불퉁함을 모조리 무너뜨리고 모든 것을 균일하게 만들어버렸다. 평평한 뜰에는 배려가 자라지 않고 균질한 시간 속에서는 신화가 싹트지 않는다."

나는 최근에 우리 밭 옆의 작은 언덕을 인수했다. 왠지 올라가고 싶은 작은 언덕 모양의 밭인데, 내 눈에는 무척 예쁜 동산으로 보인다. 전체를 뒤덮었던 조릿대를 베어내고 나니 언덕의 형상이 더 뚜렷해졌다.

"홋카이도의 다키노우에滝上 언덕을 바라보며 '여기엔 꽃 잔디가 어울리겠다'라는 영감이 떠오른 사람, 혹은 도가 마을의 산들을 보고 '연극 무대로 안성맞춤이군'이라고 생각한 사람이 있었다. 그들에게는 특별한 자질과 능력이 있다. 그 땅의 장점과 결점을 꿰뚫어보고 인간과 자연, 인간과 인간, 인간과 역사가 최적의 형태로 교류할 만한 아름다운 감성 공간을 만들어내는 자질과 능력 말이다."(『아름다운 농업의 시대』⁶)

위의 글처럼, 조릿대를 베면서 여긴 어떤 공간이 되면 좋을까 하고 궁리하다 보니 아이들의 낙원이 되어줄 들판이면 좋겠

다는 아이디어가 떠올랐다. 반농반X의 지지자이자 일본 청년
회의소(JC)의 회장이었던 고메타니 히로카즈 씨가 히메지에 '들
판 박물관'을 만들었다는 이야기를 들었다. 그래서 나도 이곳
을 남녀노소 모두 울퉁불퉁함을 즐길 수 있는 공간인 '울퉁불
퉁 박물관'으로 만들기로 했다. 요즘 아이들은 언덕을 오르지
못한다는 말을 들었던지라, 이 언덕은 꼭 남겨두고 싶다. 자두
와 비파가 여물 무렵이면 학교 가던 아이들이 언덕을 달려 올
라가 열매를 따먹으며 즐겁게 웃을 것이다.

가을마다 동네 아이들 사이에서 밤 줍는 놀이가 유행이다.
아내가 아이들에게 뾰족뾰족한 껍질에서 밤을 능숙하게 꺼내
는 방법을 가르쳐주었더니 어린아이까지 능숙하게 밤을 주울
수 있게 되었다. 어른들은 그 덕분에 맛있는 밤밥과 밤떡을 먹
을 수 있었다. 놀이와 생활이 하나가 된 모습이다. 완전 무료
입장인 울퉁불퉁 박물관에서 이것저것 배운 아이들은 나중에
분명 훌륭한 학예사가 되어 후배(좀 더 어린아이들)를 가르칠 것
이다.

시골 마을에는 잘만 조합하면 감탄을 자아내는 것이 정말 많
다. 이러한 뜻에서 2005년 봄, 교토부는 부 청사와 빈 땅 등,
지역 내 자원을 효과적으로 활용하기 위해 부 소유재산 전략활
용 추진본부를 발족했다. 아야베에도 통폐합 등으로 생겨난 빈

공간이 무척 많다. 현대 예술의 최첨단 공간인 아트사이트 나오시마*(가가와현) 안에는 최첨단 전시관으로 탈바꿈한 농협 슈퍼마켓 건물도 있다. 이처럼 방치된 자원들은 전국 곳곳에 잠든 채 새로운 빛이 들기만을 기다리고 있다.

같은 해 6월 6일자 〈아사히신문〉에는 '배움'이라는 주제로 고베여학원대학의 우치다 다쓰루 교수의 지상紙上 특별 강의가 실렸는데, 거기에 프랑스의 저명한 인류학자 클로드 레비스트로스Claude Levi-Strauss가 제창한 개념인 브리콜라주(가까이 있는 흔한 재료를 써서 자기 손으로 물건을 만드는 것)가 소개되었다. 그 내용 일부를 소개하면 다음과 같다.

"크리에이터나 이노베이터는 평범한 물건을 보고 '이거, 거기에 쓸 수 없을까?'라고 생각하는 특징이 있다. 평소 흔히 보던 물건에서도 다른 의미를 발견하는 이와 같은 지성이 생각의 틀을 바꾼다. 다양한 경험은 학술 정보를 위한 강력한 자료가 될 수 있다. 그 무진장한 자료를 활용하는 정보 처리법(브리콜라주)을 가르치는 것이 대학 교육의 목표다."

그 순간 내 안에서 지역 소유재산 전략활용 추진본부와 브

---

* 출판, 교육 관련 기업 베네세가 낙도인 나오시마에서 전개하는 현대미술에 관련된 다양한 활동의 총칭. 지중(地中) 미술관, 베네세 하우스, 家(이에) 프로젝트, '호박' 등의 옥외 작품들, 기타 간행물과 심포지엄 등을 포함한다. 구리 제련소가 있던 낙후된 섬을 교육가, 예술가의 손으로 성공적으로 재생한 대표적 사례다.

리콜라주가 연결되었다. '방치된 자원＝아카이브＝브리콜라주'다. 어른이든 아이든 브리콜라주 사고방식을 배울 필요가 있다.

하루 중 내가 X에 할애하는 시간

경영에는 80대 20의 법칙이라는 것이 있다.

매출의 80퍼센트는 20퍼센트의 고객에게서 나오고, 성과의 80퍼센트는 20퍼센트의 일, 그리고 20퍼센트의 시간과 노력에서 나온다는 것이다. 생각해보면 이 법칙은 인생에도 해당되는 듯하다. 따라서 자기 인생에서 성과의 80퍼센트를 창출하는 20퍼센트가 무엇인지 파악하여 그것에 시간, 에너지, 돈, 애정을 쏟아부어야 한다. 나에게 그 20퍼센트는 내가 잘하는 일과 좋아하는 일, 파급력 있는 일, 창조적인 일이다.

중요한 일에 힘을 집중해야 한다. 그러나 우리는 좀처럼 그렇게 하지 못하고 중요하지 않은 80퍼센트의 일에 쉽게 힘을 뺏긴다. 그러다 보면 인생의 성과도 20퍼센트에 머물게 된다. 나는 이 법칙을 응용하여 삶의 법칙을 찾아내려고 노력하는 중이다.

'내 사명에 집중하면서도, 생활은 철학적이고 사색적이며 여유 있고 신중하게.'

즉 모든 것을 소중히 여기는 삶이다. 전통 음식, 가족과의 화목한 시간, 작은 밭과 베란다 텃밭에서 기르는 채소들, 명상과 낮잠, 산책하는 시간을 중시하는 생활이다.

나는 하루의 20퍼센트(5시간)를 철저히 사명에 집중하며 내 과제와 사회문제 해결(X)에 도전하는 데 할애한다. 7시간은 잠을 자므로 총 12시간, 즉 하루의 절반이다. 나머지 시간에는 심신을 정돈하고 자연의 리듬에 맞춰 느긋하게 지낸다. 너무 이상적인지도 모르지만, 한 번뿐인 인생을 신중하게 살면서 자신의 X를 탐구하고 더 좋은 사회를 만드는 데 기여하는 것이 바람직하다고 생각한다.

앞으로 80대 20의 법칙에 따른 삶을 더욱 심화하여 내 안에 아직 남아 있을지 모를 원석을 찾고 싶다.

나를 농업과 X가 있는
생활로 이끈 것

│

『반농반X의 삶』에서 사명 다양성이라는 말이 큰 반향을 일으켰다. 이 말은 8년 전쯤 나의 내면에서 갑자기 생겨났다. '생명의 다양성은 곧 각 생명이 지닌 사명의 다양성을 가리키는 게 아닐까' 하는 생각에서 나온 말이다. 한 사람 한 사람, 한 생명 한 생명이 각기 다른 사명을 갖고 하나의 커다란 사명을 감당하며 조화로운 우주를 형성하고 있다. 우리가 그런 우주에 살고 있다는 확신이 들었다.

딸도 아내도 나도 천부적인 재능을 살리기 위해 살아간다. 인간뿐만 아니라 다른 생명도 마찬가지다. 우리의 목숨을 지탱해주는 쌀, 콩, 깨 등도 자신의 천직을 멋지게 수행하고 있다. 야산의 들풀도 마찬가지다. 이 세상은 생명체가 천직을 표현하는 공간인지도 모른다.

삿포로 농학교에서 윌리엄 클라크William Smith Clark* 박사에게 강한 영향을 받은 재야의 사상가 우치무라 간조內村鑑三는 천직에 관해 이런 말을 남겼다.

"사람에게는 각자의 천직이 있다. 자신의 천직을 알고 천직에 종사하는 것은 본인과 사회 전체에게 무엇보다 행복한 일이다. 인생의 성공이란 사실 다른 것이 아니라 자신의 천직을 알

---

* 매사추세츠 농업대학 학장을 지낸 미국의 교육자. 재임 중에 삿포로 농학교 초대 교감이자 교사로 1년간 근무했다(1876~1877). 짧은 체재 기간이었음에도 삿포로 농학교의 학생들에게 큰 영향을 끼쳤다. 신 앞에서의 정직을 강조하며 매일 성서를 가르쳤으며, 삿포로를 떠나면서 학생들에게 "소년이여 야망을(Boys be ambitious)!"이라는 명언을 남겼다.

고 그것을 실행하는 데 있다."

천직(X)을 깨닫고 타인을 위해 그것을 활용하는 사회를 실현하는 데 조금이나마 도움이 된다면 얼마나 멋질까? 생명으로 가득한 시골에 살면서 나는 그런 생각을 한다.

사명 다양성이라는 말을 만난 순간 나는 다시 태어났다. 말이란 참으로 신비하다. 한번 만나고 나면, 그전의 자신으로는 돌아갈 수 없다. 이 말은 내 인간관과 세계관을 바꿔놓았다. 시선이 완전히 달라졌다.

반농반X가 탄생하기 전부터 나와 생각을 나누며 반농반X의 개념이 태어나도록 도와준 친구가 있다. 반농반X 연구소의 공식 홈페이지를 무료로 만들어준 영상작가 니시노 히사요시 씨다. 니시노 씨가 다음의 글에 '작품'이라는 제목을 붙여서 내게 보내온 적이 있다.

인간 외 일반적인 생물은 살아 있는 것만으로 존재 가치가 있다. 즉 살아 있는 것만으로도 남에게 도움이 된다. 그러나 먹이사슬의 정점에 있는 우리는 누구에게도 먹히지 않으므로 살아 있음을 실감하기가 어렵다. 그래서 살아 있는 것 자체보다 누군가에게 도움이 되는 것을 인생의 목적으로 삼게 되었다.

그러나 오늘날 남에게 도움을 주는 보람을 직접적으로 느낄 수 있는 직업은 소방관이나 간호사 등 소수에 불과하다. 그래서 많은 사람이 자신의 X를 탐색하느라 고민한다. 그러다 보면 현세뿐만 아니라 후세에 도움이 되어야 한다는 사실을 깨닫는다. 후세에 도움이 된다는 것은 과연 어떤 의미일까?

바로 자신의 X를 독점하지 않고 살아 있는 동안 널리 퍼뜨리거나 책으로 만들어 공유하는 등, X를 최대한 객관적인 형태로 가공하여 현세의 일반인과 후세의 일반인이 쉽게 접할 수 있도록 만드는 것을 의미한다. 홈페이지에 공개하면 현세의 타인은 그것을 공유할 수 있다. 그러나 그것만으로는 부족하다. 자신이 죽어서 서버 제공자와 계약이 끝나는 바람에 페이지가 삭제되거나 경영자의 마음이 바뀌어 페이지가 폐쇄되기라도 하면 끝이기 때문이다.

보통 사람들은 책 내기를 어렵게 느끼겠지만, 그래도 목표로 삼아볼 만하다. 홈페이지 운영이나 자비 출판, 전자출판 등을 거쳐 최종적으로는 서적 출판을 지향해보자. 나는 책, 음반, 악보 등 작품의 형태로까지 자신의 X를 완성하는 일이 하늘에서 내린 사명이라고 생각한다.

후세는 그 작품을 얼마나 즐기고 얼마나 영감을 얻으며 모방할까? 이 가능성을 지속적으로 높이는 것이 우리의 활동 목표가 되어야 한다. 생명 다양성, 사명 다양성의 원리에 기초하여 누구나 작품을 남길 수 있다. 그러나 '작품'이라는 말을 쓰는 순간 미술이나 예술 등 기존의 틀로 성과를 분류하게 되므로 그 본질이 가려지게 된다.

자신이 수집한 독특한 진품들, 도심 뒷골목의 신기한 풍경을 모아놓은 것, 혹은 뒷산의 오래된 사찰까지도 훌륭한 작품이 될 수 있다. 직함에 작가라고 쓰기는 부끄러울지도 모르지만, 오히려 세상 모든 사람이 작가라고 말할 수 있다.

우치무라 간조는 지금으로부터 약 110년 전(1894년) 하코네에서, '후세에 남기는 최대의 유물'이라는 제목으로 강연을 했다.

"우리에게 50년의 생명을 맡긴 이 아름다운 지구, 이 아름다운 나라, 우리를 길러준 산과 강과 들. 이곳에 아무것도 남기지 않고 죽어서는 안 된다. 세상에 무언가 기념될 만한 것을 남기고 떠나야 한다. 우리는 무엇을 이 세상에 남기고 떠날까? 돈일까, 사업일까, 사상일까?"

당시 33세였던 우치무라의 열정적인 연설은 젊은이들에게 큰 용기를 주었다. 나 역시 환경 문제를 한창 고민하던 스물여덟에 이 말을 접하고 농업과 X(사명)가 있는 삶으로 방향을 틀었다. 여담이지만 하코네의 이 강연장에는 아야베에서 달려온 한 청년도 있었다고 한다.(그 청년은 시가사토 마을에서 온 당시 27세의 면서기 겸 농부인 시가 신타로 씨다. 그 1년 전에 우치무라 간조를 만난 적이 있으며, 강연을 들은 후 나중에 촌장이 되어 당시로서는 획기적인 규모였던 소학교와 도서관을 세운다. 청렴한 성품 때문에 만년에는 가난해져 궁핍한 생활을 했다고 한다.)

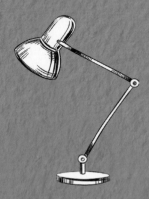

제4장

반농반X로 살아가는 사람들
- X는 사람 수만큼 다양하다

시골에서나 도시에서나!
다양한 반농반X의 실제 사례

가까운 곳에서
X를 발견한 '시골 예술가'

"혹시 아는 분 중에 보리 씨앗을 가진 분 없나요?"

아야베로 귀향한 지 얼마 되지 않았을 때, 아야베시에 사는 시카타 시즈코 씨(당시 50대)로부터 전화를 받았다. 시카타 씨는 라이프시드 네트워크Life-seed Network에서 펴낸『잡곡 만드는 법, 살리는 법』[7]에서 내 이름을 알았다고 했다. 보리 씨앗을 무엇에 쓸 계획인지 물었더니 드라이플라워 소재로 쓴다고 한다. 그런 일을 하는 사람이 아야베에 있다는 사실에 기뻤다. 나중에야 알았지만, 그녀는 내 고등학교 동창의 어머니이기도 했다.

시카타 씨 부부는 매월 15일, 교토시의 사찰인 지온지知恩寺에서 매월 개최되는 수공예 시장에서 드라이플라워와 단바 지역의 초목으로 만든 화지를 판매한다.

에노모토 기요시 씨 등이 주최하는 이 수공예 시장은 매회 350명의 수공예 작가들이 참여하며, 교토의 3대 시장으로 불릴 정도로 큰 인기를 끌고 있다.

현재 시카타 씨는 JA(일본 농업협동조합)에 관련된 일을 하다가 퇴직한 남편인 데루미 씨와 함께 농사를 짓는 한편, 야산에서 작품 소재를 수집하여 수공예 시장에 참여하는 생활을 즐기고 있다. 두 사람 다 등산을 좋아하는 데다가 시카타 씨는 식물 박사다. 또 산길이나 골목길까지 훤히 꿰고 있어서 매일 경트럭을 몰고 다니거나 시골길을 걸어다니며 시골의 소재를 찾는다.

수공예 시장의 단골손님과 자연의 작품을 좋아하는 도시 사람들은 시카타 씨가 시골 소재로 만든 작품을 달마다 기다린다. 나도 수공예 시장이 마음에 들어서 몇 번이나 가보았는데, 마치 시카타 씨가 마을에서 시장으로 생명을 운반하는 것처럼 보였다.

고대 쌀*, 보리, 들풀, 솔방울 같은 것들도 시카타 씨의 손에서는 시골 예술의 소재가 된다. 언뜻 보기에 아무것도 아닌 시골 마을이 보는 눈이 있는 사람에게는 보물창고인지도 모른다. 시카타 씨는 시선을 바꾸면 이곳이 소재의 우주가 된다고 말했다.

---

* 오늘날 재배되는 벼의 품종 중 고대로부터 재배된 품종 또는 고대 야생의 형질이 남아 있는 품종. 웰빙 열풍과 슬로푸드의 유행으로 주목받아 전국에서 재배되고 있다. 마을 부흥에 이용하는 지역도 있다.

어느 날 친구 하나가 "뭐 즐거운 일 없어?"라고 묻자 시카타 씨는 "매일 즐거운 일뿐인데!"라고 대답했다고 한다. 요즘 시카타 씨는 사토야마네트 아야베 근처에 있는 간벌재 가공 센터에서 삼나무 껍질, 노송 껍질을 얻어다가 집에서 초목 화지를 뜬다.

창작 활동에 돈을 쓰지 않는 것이 시카타 씨의 원칙이다. 그래서 숲에서 천연 닥나무를 찾아 종이뜨기도 하고 초목으로 염색을 하는 등 연구에 열심이다. 나는 드라이플라워 만들기와 넝쿨 엮기, 풀 엮기, 종이뜨기, 초목 염색, 실잣기 등 무엇이든 척척 해내는 시카타 씨를 '시골 예술가'로 부른다. 식물과 소통하며 창작물을 만들어내는 그녀의 삶은 우리에게 많은 교훈을 전해준다. 시카타 씨의 사명은 시즈코靜子라는 자신의 이름 그대로 사람은 조용한靜 것(식물)에 귀를 기울여야 한다고 가르치는 일이 아닐까? 어디까지나 내 생각이지만 말이다.

시카타 씨는 아야베시 하소지 마을의 넝쿨 엮기, 풀 엮기 모임의 일원으로서 창작 활동을 해왔다. 풀 엮기 활동으로는 아야베의 특산품으로 새로 출시될 예정인 '줄풀(볏과 식물, 야생 쌀로도 불린다) 바구니 엮기'가 있다. 줄풀은 공기를 정화한다고 하며, 이 줄풀 바구니는 아야베 온천(아야베시 무쓰요리 마을)에서도 호평받으며 팔리고 있다.

'반농반봉사'는
만년의 이상적인 생활 방식

건강·환경·교육·관광. 이 네 가지는 1990년대 중반에 꼽힌 21세기에 주목받을 분야였다. 21세기가 된 지금도 그것은 변함이 없다. 건강하고 지속 가능한 라이프스타일을 가리키는 LOHAS라는 말은 2000년대 처음 사용되기 시작한 이래 지금까지도 중요한 트렌트로 인식되고 있다. 나는 앞으로 이 LOHAS에 '천직'이라는 요소가 더해지리라고 생각한다.

LOHAS란 앞에서 말한 네 가지 분야 중 건강과 환경에 관련된 개념이다. 나머지 교육과 관광은 '천직'으로 바꾸어 말할 수 있지 않을까? 교육은 천직으로 이어지며, 관광도 그렇다. 왜일까? 앞으로는 사람들이 천직과 관련한 여행을 점점 더 많이 할 것으로 예측되기 때문이다. 자신의 천직을 위한 기회와 자원(사람, 물자, 사건과의 만남)을 찾는 여행 말이다. 올 여름 홋카이도에 갔을 때도 '천직 관광'이라는 말이 문득 떠올랐다. 내 가설이 맞는지, 시대를 면밀히 지켜보려 한다.

나는 사토야마네트 아야베에서 녹색 관광(도시와 농촌·산촌·어촌의 공생과 대류)을 경험했는데, 불과 5년의 경험이었지만 그 덕분에 '관광'을 내 주요 키워드로 삼게 되었다. 아야베의 관광을 생각하면 떠오르는 사람이 있다. 아야베시 관광 협회의 전무이사인 니시무라 유키히로 씨(70대)다. 인연이 있어 15년쯤 전부터 관광 일을 하게 되었다는 그는 교토부청을 퇴직한 후 아야베시 관광 협회의 실무 책임자가 되어 아야베의 관광 경쟁력을 높이기 위해 동분서주해왔다.

언젠가 관광 기획과 마을 만들기에 관한 강연회에서 니시무라 씨와 동석할 기회를 얻었다. 내가 그에게 "혹시 자급농업을 하십니까?"라고 물었더니 예상대로 긍정의 대답이 돌아왔다. 그는 도시에 살 때부터 주말마다 시골에 내려와 1,500평의 논밭을 돌보았다고 한다. 그리고 지금은 고향에 살면서 농사와 아야베 관광 진흥이라는 사명을 실천하고 있다.

지역 단체 합병으로 생겨난 새로운 시들이 아야베를 둘러싸면서 그야말로 지역 단체 전국 시대, 군웅할거의 양상을 보인다. 그러므로 니시무라 씨는 아야베에 더욱 필요한 존재가 될 것이다. 그는 아야베의 독자성을 살린 관광 진흥을 꾀할 인물이다. 만년의 이상적인 삶을 '반농반봉사'라고 생각해왔는데, 니시무라 씨가 그야말로 이상적인 삶을 살고 있다.

반농반X 취재로 만났던 아야베 시민신문사의 한 기자는 아야베에는 겸업농가가 많아서 반농반X 사례도 풍부하다고 말했다. 정말로 그런 것 같다. 아야베는 특히 의식 수준이 높고 사명감이 넘치는 사람이 많은 지역인 듯하다. 분명 아야베뿐만 아니라 이 책을 읽는 독자들의 주변과 고향에도 그런 사람들이 많을 것이다. 새로운 시대로 가는 과도기인 지금, 반농반X 라이프스타일이 점점 더 필요할 것을 예감하는 사람이 나 하나만은 아닐 듯하다.

아야베 여행으로 인생이 달라졌다

교토에 사는 30대 여성 쓰마 히토미 씨는 고등학생 시절, 지하철에 붙은 청년 해외 협력대 홍보물을 보고 '바로 이거야!'라고 생각했다고 한다.

파견 직업군은 간호사였다. 그래서 간호사 자격증을 얻으려고 간호 전문대에 들어갔고, 졸업 후 실무를 경험하고 협력대에 응모했는데, 희한하게도 일본어 교사로 채용되었다고 한다.

그녀는 청년 해외 협력대의 일원으로 남태평양의 작은 나라 통가에 파견되어 일하다가 임기가 끝난 후 아프리카와 인도를 여행했다. 그리고 집으로 돌아와 친구 집에 놀러갔다가 한 행사의 홍보 전단을 보았다. 2005년 봄에 교토의 사찰인 단노호린지에서 단노 시장이 열린다는 내용이었다. 그녀는 그때 전단에 쓰여 있던 '반농반X'라는 말에 관심이 갔다고 한다.

그리고 무언가 영감을 느껴 내가 패널로 참여하는 도시와 농촌都農 교류에 관한 토론을 들으러 왔다. 토론이 끝나고 그녀가 아야베에서 진행하는 워크숍은 없는지 묻기에 아직은 없지만 언제든 오라고 답한 것이 기억난다. 얼마 안 되어 쓰마 씨가 아야베로 왔다. 먼저 시바하라 기누에 씨의 농가 민박 '지금 그대로'에서 1박을 하고 그다음 날 나를 만나러 왔다. 그렇게 아야베를 다녀간 쓰마 씨에게서 이런 편지를 받았다.

여행을 하면 사람이 달라진다고 하죠. 저는 지금까지 세계를 돌아다니고 어떤 곳에서는 살아보기도 했지만 그다지 눈에 띄는 변화를 이루지 못한 채 일본에 돌아왔습니다. 사람을 확 바꿔놓는다는 인도에서는 3개월 동안이나 자연 속에서 생활하기도 했는데 말이죠.

그렇기에 교토에서 2시간 거리밖에 안 되는 아야베 여행이 제 인생을 변화시킨 것이 무척 신기합니다. 아마도 이전에 제가 여행하고 일하면서 쌓아왔던 것이 반농반X와의 만남, 아야베 여행, 그리고 시바하라 기누에 씨, 시오미 씨와의 대화를 계기로 변화를 일으켰던 것 같습니다.

세계일주 항공권이라는 게 있습니다. 1년 동안 사용할 수 있는 오픈티켓인데, 가격이 25만 엔(약 250만 원) 정도 됩니다. 누구나 '그것으로 세계일주 여행을 하면 멋지겠다!'라고 생각하겠죠? 하지만 아야베 여행도 인생을 바꾸고 꿈을 이루는 멋진 여행입니다. 그러고 보니 그 책, 『반농반X의 삶』이 제 티켓이었네요.(웃음)

아야베가 그런 공간이 된다면 시바하라 씨도 나도 기쁠 것이다. 진심으로 바라고 용기를 내서 작은 행동을 개시하는 사람을 위해, 아야베의 문은 언제든 열려 있을 것이다.

시바하라 씨의 천직인 농가 민박을 접하고 중대한 교훈을 얻었다는 쓰마 씨. 그녀의 사명은 명확하다. 친환경 휴지의 전파와 아토피 치료 등. 그녀는 지금 도심에서 밭을 빌려 반농반X를 실천하고 있다. 고향에서 훌륭한 땅을 찾았다는 편지가 지금이라도 날아올 것만 같다.

X를 완수할 장소를 찾는 청년

|

도쿄에서 태어난 20대 히사시마 아키히코 씨는 어릴 때부터 물놀이를 즐기는 등 자연과 생물을 무척 좋아했다. 그런 성격

이 된 데에는 아버지의 영향이 컸다고 한다. 커서는 대학에서 어류생리학을 배우고 양어장에서 송어, 민물송어, 곤들매기, 은어 양식에 종사했다. 그렇게 2년간 일을 배워 2003년에 대학 때부터 꿈꾸었던 청년 해외 협력대의 일원이 되어 베네수엘라로 떠났다. 그곳에서 2년간 양식과 환경보호에 관한 일을 하다가 2005년 4월에 귀국했고, 지금은 땅을 밟는 삶을 살고자 시골을 돌아다니며 X를 완수할 곳을 찾고 있다.

베네수엘라에 있을 때 친구로부터 내 이야기를 전해 듣고 인터넷으로 책을 구입해 읽었다고 한다.

"『반농반X의 삶』은 베네수엘라에서 접한 다양한 라이프스타일과 함께 제 삶을 근본적으로 다시 돌아볼 계기를 제공했습니다."

귀국 후 내게 위와 같은 메일을 보내 여행길에 아야베를 방문하겠다고 알려왔다. 아야베의 공기를 느끼며 실제로 사람들이 어떻게 사는지 보고 싶다고 했다. 나는 그를 위해 할 수 있는 일이 없을까 궁리하다가, 인생에서 이루고 싶은 일을 적어보는 '만다라트'를 떠올렸다.

만다라트는 인생에서 이루고 싶은 일 여덟 가지를 3×3칸의 표 안에 적어넣는 아이디어 도구다. 나는 내 사명을 점검하려고 연말마다 이 도구를 사용하는데, 히사시마 씨의 아야베 방문을 계기로 방문객 500명에게 '인생에서 이루고 싶은 일 여덟 가지는 무엇입니까?'라는 손 글씨가 적힌 종이를 선물하기로 했다. 생각을 종이에 적는 일은 큰 효과를 발휘한다. 생각을 언어화, 가시화하는 일은 꿈을 실현하는 데 꼭 필요하다. 꿈은 되도록 명쾌하게 표현하는 것이 좋다.

그에게 그 질문지를 선물했더니, 자신의 블로그에 자신의 X(사명)를 밝혀주었다. 바로 강을 완벽하게 소생시키는 것이었다. 블로그에는 이런 이야기가 적혀 있었다.

완벽한 강이란 생태학적으로도 풍요롭고 인간 생활에도 100퍼센트 활용할 수 있을 만큼 회복된 시골 강을 말합니다. 그 자연환경에 인간은 전혀 영향을 미치지 않습니다. 당연히 댐, 콘크리트 둑도 없고 오수 유입도 없습니다. 10년에 한 번 꼴로 일어나는 대형 재해에도 인간이 자연의 힘을 누르는 방식이 아닌 다른 방식으로 대처합니다. 이 강은 은어와 뱀장어와 연어와 송어가 자연스럽게 물을 거슬러 올라갈 수 있는 강입니다.

인간의 생활을 풍요롭게 만들면서도 넉넉한 풍성함을 간직한 강, 아이들이 그 에너지를 충분히 발휘해 놀 수 있는 강, 신령이 깃들어 언제나 경외심을 일으키는 강, 그런 강이 가까운 곳에 부활하기를 바랍니다.

저는 어릴 때부터 물에 사는 생물을 좋아해서 베네수엘라에서도 환경에 관련된 일을 했습니다. 그렇기에 강이라는 키워드가 무척 친근하고도 중요한 느낌으로 다가옵니다.

이처럼 반농반X에 관심이 있는 사람을 만나면 나 자신의 사명을 재확인하고 내 USP(Unique Selling Proposition = 독자적 특징/압도적 강점/구심력 있는 메시지)를 새삼 깨닫게 된다.

히사시마 씨는 나를 '개념을 명확화하고 사고를 언어화하는 데 매우 뛰어난 사람'이라고 표현해주었다. 나도 이런 점을 더욱 발전시킬 생각이다. 여행자들은 언제나 훌륭한 영감을 가져다준다.

도심에서도
반농반X 생활을 실천할 수 있을까?

공무원으로 교토부 교타나베시에 사는 다카다 다이스케 씨(30대)는 앞으로 농업의 시대가 올 것이라는 확신을 갖고 마을 만들기 수준까지 발전된 농경 모델을 찾고 있다.

다카다 씨는 대학에서 건축을 배웠으며, 그중에서도 도시 계획을 주로 공부했다. 현재는 마크로비오틱*, 슈타이너 교육**, 목조 자연 주택을 공부하는 중이라고 한다. 그런 그가 『반농반X의 삶』을 읽고 다음과 같은 감상을 메일로 보내왔다.

다양한 곳에서 뒤틀림이 발생하는 현재, 인간 본연의 모습을 되찾으려면 원점으로 돌아가야 합니다. 따라서 앞으로는 농업의 역할이 재평가될 것이고 농업이 있는 생활이 삶의 기본이 되리라고 생각하지만, 저는 그것만이 아닌 무언가가 더 필요하다고 막연히 생각해왔습니다.

그런데 이 책이 제 막연한 생각을 쉬운 말로 바꾸어 설명해주었습니다. 자연스레 '나에게는 어떤 X가 있을까?' '아무것도 생산하지 않는 지금, 나에게는 어떤 재능이 있을까?'라고 자문하게 되었고, '아무리 작은 일이라도 할 수 있는 일을 일단 하자. 인생이 시도의 연속이라도 괜찮다'라는 말에 용기를 얻었습니다. 기한을 정하고 뒤늦게나마 저의 X를 찾아보고 싶습니다.

저자께서 마을 만들기 분야까지 영역을 넓혀 철학을 실천한

---

* 식품을 있는 그대로 섭취해야 한다는 생각으로 제철음식을 뿌리부터 껍질까지 통째로 먹는 식습관을 말한다. 중국 전통의학에서 말하는 식양생(食養生, 음식으로 건강을 관리하여 병을 예방하거나 회복시키는 것)과 일맥상통하는 개념이다.
** 독일의 철학가 루돌프 슈타이너가 제창한 자유 교육 운동 방식으로 예술 교육을 중시한다. 지 · 정 · 의가 균형 잡힌 인간 형성을 목표로 한다.

다는 것이 인상 깊었습니다. 아직 나라현의 지역 단체에 이 모델을 제시할 수는 없지만, 개인 수준의 적용을 충분히 검토해 보려 합니다.

반농반X, 지역의 풍토 및 환경과 공존하는 지속 가능한 마을 만들기, 슈타이너 교육, 마크로비오틱, 목조 자연 주택 등 제가 관심을 기울이는 모든 분야의 밑바탕에 똑같은 정신이 흐르는 듯해 가슴이 두근거립니다. 명확한 말로는 표현할 수 없지만 이 책은 제 인생의 커다란 지침이자 다양한 일에서 잣대가 될 것입니다.

그 후에도 그와 몇 번씩 의견을 교환했는데, 하루는 메일을 읽다가 깜짝 놀랐다. 2005년 7월에 고베 국제회의장에서 반농반X의 사고방식을 소개하는 프레젠테이션을 진행한다는 내용이었다. 프레젠테이션 제목은 '시가화市街化 구역의 농업과 조화로운 마을 만들기에 관하여: 나라현 시가지에서의 반농반X 생활 실천'이었다. 이전에 한 건축학회의 프레젠테이션에서 반농반X의 개념이 소개된 적은 있었지만, 그의 메일을 받은 후 반농반X가 새로운 마을 만들기에 필수적인 개념이 될지도 모른다는 꿈이 더욱 현실과 가까워졌다.

이후 시바하라 기누에 씨의 '지금 그대로'에서 농가 민박을 두 번 체험한 다카다 씨 일가를 만났다. 그때 그의 아들이 직접 그린 지도 한 장을 내게 선물해주었는데, 펼쳐보니 '반농반X 섬의 지도'였다. 나는 언젠가 그림책이나 동화책을 만들고 싶었는데 이때다 싶어 그것을 바탕으로 그림책을 만들자고 제안했다. 동화 작가가 꿈이었던 부인 유미 씨가 책임자가 되어 아들의 그림을 모으기로 했다.

하루는 그가 "도시 근교에서도 반농반X 생활이 가능할까요? 그렇다면 그것은 어떤 생활일까요?"라고 물었다. 나는 이렇게 답했다.

"다가오는 시대에는 시가지와 농경지의 구분이 과거의 유물이 될 것입니다. 농경지는 비오톱*이나 휴게소, 역외 농지로 시내에 점재하게 될 것입니다. 그런 땅은 화재가 발생했을 때 불길이 번지는 것을 막고 지진 때 피난처로 쓸 수 있어 새로운 마을을 만드는 데 반드시 필요한 요소입니다."

거듭 말하지만 면적이나 시간, 자급률은 반농에 중요하지 않다. 땅과 생명을 조금이라도 접하고 센스 오브 원더의 시간을 지속적으로 갖는다면 그것으로 충분하다.

미국의 동화 작가 폴 프라이슈만Paul Fleischman이 지은 『작은 씨앗을 심는 사람들』이라는 책이 있다. 황폐한 슬럼가에 씨를 뿌

---

* biotope, 인공적으로 조성한 자연이나 설치물을 일컫는 말.

리는 한 소녀의 작은 행동이 공동체를 재생한다는 이야기다. 반농은 빈 땅에 씨를 뿌리거나 베란다 텃밭을 가꾸거나, 심지어 페트병 텃밭에 채소를 조금 키우는 것만으로도 충분하다.

다카다 씨 일가는 시민 농원에 응모했다가 추첨에 떨어져서 지인인 나카무라 시게후미 씨(반농반설계사)의 밭을 빌려 농사를 짓고 있다. 또 온 가족이 주말마다 베란다 텃밭의 작은 농업을 즐긴다.

다카다 씨는 이렇게 말한다.

"반농반X라는 개념을 만난 후 사고방식과 생활 방식이 크게 바뀐 것도 사실이고, 좋아하는 일(농업과 마을 만들기에 관련된 일)을 의식하면서 업무와 생활에 임하게 된 것도 사실입니다. 덕분에 지금은 즐겁게 지내고 있습니다."

이처럼 반농반X를 지향하는 여행자를 만나는 일이 부쩍 늘어났다. 그중 전철로 아야베를 찾아온 사람과는 주로 아야베역 근처에서 만나는데, 그럴 때마다 이용하는 곳이 호텔 아야베의 카페다.

호텔 아야베의 마치이 가쓰마사 사장은 아야베에서 나고 자란 사람으로, JR(일본 철도) 동일본의 대표 등을 역임하면서 도쿄역 구내 콘서트 등 역내 콘서트를 처음으로 기획했다. 그는 아야베에 문화적, 지적 교류 공간이 없다는 것을 우려하여 시민 출자를 호소했다. 그 결과 채산이 맞지 않아 운영이 어려워진 호텔을 사들여 멋지게 재생하는 데 성공했다.

마치이 씨는 호텔 경영과 함께, NPO 법인 '유라가와 유역 네트워크(통칭 유라네트)'의 부이사장으로서 아야베시를 지나 흘러가는 유라가와를 지키는 활동을 하고 있다(그는 사토야마네트 아야베의 부대표이기도 하다). 또 그는 카누 여행과 자택의 가정 텃밭 농사도 즐긴다.

호텔 아야베의 카페에는 여행에 관한 책 등을 모아놓은 독특한 도서관이 있다. 시민들은 이런 지적인 공간이 아야베에 다시 생겨난 것을 매우 기뻐한다.

아야베에는 호텔 아야베뿐만 아니라 낡은 상가를 개조하여 만든 카페, 쌀광을 개조하여 만든 카페, 천천히 흐르는 유라가와를 바라보며 식사하는 레스토랑, 메밀국수집, 라면집 등 오래된 민가를 재생한 매력적인 공간이 많다. 모두가 저마다의 사명이 넘치는 공간이다. 이 점포들은 X의 표출 그 자체이므로 X 탐색의 힌트를 많이 내포한다. 그래서 이런 가게에서 누군가와 이야기하다 보면 X에 관한 아이디어가 술술 떠오르는 것 같다.

반농반X를 지향하는 젊은 여행자인 아이치현의 고바야시 류, 메구미 씨
는 작은 밭에서 농사를 짓기 시작했다.

가나가와현에서 오토바이를 타고 온 반농반X를 지향하는 여행자 이노
우에 유지 씨는 정체*를 배우고 있다.

---

* 整體. 지압이나 안마 따위로 척추를 바르게 하거나 몸의 상태를 개선하는 것.

전원 창업의 필수 조건

미국 대학에서 인류학과 국제관계학을 전공하고 귀국 후 기업 교육 · 컨설팅 회사를 다니다가 자신의 사명을 발견했다는 30대의 세키네 마사히로 씨. 예전에 그는 영업, 프레젠테이션, 매니지먼트 등의 연수를 담당하는 인기 강사였다. 그러다 결혼하고 부모가 된 후 창업에 대한 마음이 생겨 세미나 컨설턴트로 독립했고, 가족들과 함께 사이타마현의 전원으로 이주했다.

"차가 많이 다니지 않는 곳, 공기가 깨끗한 곳, 자연이 가까운 곳에서 살고 싶다는 '주거환경 문제', 그리고 아이를 자연 속에서 키우고 지역 주민과 관계를 늘리고 싶다는 '교육환경 문제'가 이주 결정에 큰 영향을 미쳤습니다."

그는 나고 자란 옛날의 환경을 그리워하며 시골로의 이주를 결정했다. 세키네 씨는 '전원에서 살고 싶다(그렇지만 생활이 불안하다), 회사를 그만두고 독립하고 싶다(그렇지만 성공할 수 있을지 불안하다), 위험이 적은 창업을 하고 싶다(그렇지만 나름대로 돈은 모으고 싶다)'는 사람들을 응원하는 전원 창업 클럽 대표로서, 이메일 소식지 『전원에서! 정보 창업』을 발행하고 있다.

세키네 씨는 미국에서 공부하면서 문화인류학에 흥미를 느껴 북미 원주민 거류지에 한동안 체류했는데, 그때 고국의 전원에 문화인류학 관점에서 매력적인 풍습과 문화가 아직 많이 남아 있음을 알게 되었다고 한다.

세미나 컨설턴트로 교육 비즈니스에도 관련되어 배움에 뛰어난 사람을 계속 연구하고 있다. 그러다 보니 그들의 평생학습이 자신의 큰 주제가 되었다고 한다.

『주말 창업』[8]에 따르면 '좋아하는 일 × 잘하는 일 × 시류에 맞는 일'을 찾아서 창업하라고 한다. 세키네 씨야말로 그 세 가지를 갖추어 전원 창업에 도전한 사람이다. 그는 지금 자신의 일을 스스로 만들고 가족과의 시간을 충분히 즐기면서 작은 농업이 있는 생활을 누린다. 자신이 바라는 삶을 차차 구현해나가고 있는 것이다.

그를 보며 자신이 좋아하는 일, 잘하는 일이 얼마나 큰 무기가 되는지 새삼 깨닫는다. 사랑과 평화 그리고 평생학습이야말로 인류의 사명일 텐데, 세키네 씨는 좋아하는 일인 배움을 활용하여 반농반X의 라이프스타일을 심화하는 중이다. 그는 오늘도 시골에 터전을 두고 가족과 함께 매력적인 X를 전개하고 있다.

마을에도 X가 있다

2005년 5월 아사히TV에서 교토 미야마 마을 특집을 방영했는데, 경운기를 운전하면서 취재에 응하던 마을 사람 하나가 "저는 반농반빵입니다"라고 말했다고 한다. 프로그램을 본 친구가 그 사실을 알려주었다. 그 사람이 운영하는 빵집 이름은 후라이빵. 천연 효모로 만든 빵을 판다기에, 교토시에서 열렸던 '지구의 날 교토Earth day Kyoto' 행사에 갔다가 돌아가는 길에 한번 들러보았다.

후라이빵을 경영하는 세구치 히로시, 세구치 시즈에 씨 부부는 최고의 소재와 환경을 찾아 교토부 미야마 마을로 이주한 지 15년째다. 추천 품목인 천연 효모 빵에는 집에서 만든 효모와 마을에서 수확한 제철 채소만을 엄선하여 쓴다고 한다. 이 빵집은 지역 사람은 물론 멀리서도 빵을 사러오는 사람이 있을 만큼 인기를 끌고 있다. '반농반빵'이라는 블로그도 운영한다.

교토부 미야마 마을은 아름다운 억새 지붕이 보전된 지역으로 유명하다. 한번은 내 책을 읽은 이 마을의 한 부부에게서 메일을 받고 그들을 직접 만나게 되었다. 만남의 장소는 아름다운 전원 풍경 속에 자리 잡은 자연파 카페 겸 주말 민박인 어스 가든Earth Garden이었다.

전원 풍경을 보면서 맛있는 유기농 점심을 먹고 훌륭한 부부와 X를 주제로 신나게 이야기를 주고받았다. 이 마을 인구의 10퍼센트인 약 500명이 이주자라고 하는데, 부부의 이야기를 통해 미야마와 아야베의 사명이 어떻게 다른지 잘 느낄 수 있었다. 나는 아야베의 키워드를 '평화×시골×인생(자기) 탐구 또는 사명'으로 파악하고 있다. 한편 미야마의 중요한 키워드는 '환경'인 듯하다. 아야베도 환경 문제를 의식하고 있지만 미야마의 환경 문제에 대한 의식은 훨씬 지적이고 급진적으로 느껴졌다.

우리가 식사한 어스 가든은 우에쓰키 지사 씨 부부가 미야마에 만들어낸 멋진 공간이다. 지사 씨는 옛날부터 환경 문제에 관심이 많아서 교토시의 유명한 NPO 법인 '환경시민'의 회보지 『초록 뉴스레터』에 '영속농업*으로 산다'라는 기사를 연재하기도 했다. 그런 지사 씨는 미야마의 자연에 매료되어 남편인 히토시 씨와 함께 어스 가든을 열었다. 새로운 관점에서 환경 문제에 접근해야 한다고 생각하여, 영속농업의 원칙을 지키는 카페 겸 민박인 어스 가든을 만들게 되었다.

---

* 퍼머컬처(Permaculture). 호주의 빌 몰리슨(Bill Mollison) 교수가 약 30여 년간 연구, 개발한 영속적인 농업. 지속농업과 유사한 개념. 빌 몰리슨 교수는 현재 세계 150여 개 농장을 연결한 퍼머컬처 연구소의 소장으로서 영속농업의 중요성을 전파하고 있다.

어스 가든의 팸플릿에는 그들의 사명이 멋지게 서술되어 있다.

① 어스 가든은 아름다운 전원 풍경 속에 있습니다. 유라가와의 맑은 물도 바로 옆에서 흐릅니다. 억새 지붕이 있는 민가 보존 촌락까지 걸어갈 수도 있습니다. 시골길 산책을 즐겨보세요.

② 메뉴는 채소와 허브를 활용한 가정 요리입니다. 텃밭에서 기른 채소와 유기농 채소, 무농약·저농약 채소, 신선한 지역 채소, 잡곡, 직접 사육한 닭과 달걀, 자연산 생선, 첨가물을 넣지 않은 조미료, 천연 효모 빵과 수제 케이크도 있습니다.

③ 친환경적이고 건강에 좋은 소재로 건물을 지었습니다. 되도록 지역 목재를 사용하고 벽에는 화학물질이 들어가지 않은 천 벽지를 붙였습니다. 바닥에는 도장되지 않은 원목을 깐 다음 감물*을 들이거나 밀랍 왁스를 칠하거나 독일산 무공해 도료를 발라 새집 증후군의 원인 물질을 최대한 줄였습니다.

④ 태양열을 이용한 에너지 절감형 설계로 지어졌습니다. 여름의 햇볕은 차단하고 겨울의 햇빛은 듬뿍 받아들입니다. 그래서 여름에는 에어컨이 없어도 시원하고 겨울에는 날이 맑으면 카페(식당) 공간이 난방을 하지 않아도 종일 14~20도를 유지합니다. 또 급탕의 약 절반은 진공식 태양열 온수기로 충당됩니다(겨울에도 맑은 날은 42도의 온수를 얻을 수 있습니다).

---

* 덜 익은 감에서 나오는 떫은 즙. 염료나 방부제로 쓴다.

⑤ 장작 난로가 있습니다. 1층에서 장작을 때면 2층의 방 두 개도 함께 따뜻해지도록 설계했습니다.

⑥ 녹색 도서 코너가 있습니다. 환경, 정원, 식생활, 농업, 성 평등에 관한 책과 잡지, 비디오를 모아놓은 작은 서가입니다. 그린피스와 원자력 자료 정보실 등 환경 관련 **NGO**의 뉴스레터도 10종류 이상 구비되어 있습니다.

⑦ 식량 자급을 위한 정원이 있습니다. 여기서는 요즘 영속농업 농장 만들기가 한창입니다. 농장 투어가 가능합니다(지렁이 퇴비, 미니 과수원, 유기농 텃밭, 봄의 구근 화단, 잔디밭 등등. 올해는 참숯 가마, 연못, 닭장을 만들 예정). 희망자에게는 학습 투어도 제공합니다(영속농업 입문 강좌—자급 가능한 생활을 시작하자/퇴비 만들기—지렁이는 우리 친구/환경 공생형 농장 설계법/지역 만들기와 성 평등/언어와 성 평등을 생각한다/생태 관광 강좌 등).

우에쓰키 씨 부부는 미야마를 마지막 거처로 생각하는 듯하다. 이들 부부에게 어스 가든은 고유한 사명을 표현하고 여행자의 사명을 응원하는 기분 좋은 공간이다.

반농반NPO의 삶

반농반NPO의 라이프스타일은 앞으로 시대를 앞서나가는 삶의 방식 중 하나가 될 것이다.

반농반NPO를 생각하다 보니, 우연히 멋진 청년을 만났다. 지속 가능한 순환형 지역 사회를 실현하기 위해 먹거리와 농사, 도농 교류로 자신의 주제를 압축하여 지역 활성화에 도전하는 소셜벤처 NPO 도지바의 대표 와타나베 다카시 씨다.

도지바라는 이름은 병을 고치기 위해 온천 목욕을 하는 곳을 가리키는 탕치장*에서 유래했다. 그는 폐업한 목욕탕을 개조하여 만든 지역 카페를 운영할 뿐만 아니라 휴경지에서 재래종 대두를 생산하는 대두 혁명, 배낭여행객 프로젝트인 '도지바식으로 일본을 걷는 법' 등 독특한 프로젝트를 이것저것 진행하고 있다. 이 시대는 막부 말기에 하늘이 내려준 사카모토 료마처럼 완전히 새로운 방식으로 사고하는 사람을 요구하는 듯하다.

독특한 프로젝트로 도시와 농촌을 연계하려는 모습을 통해 그가 농업계에 새로운 바람을 일으키고 있음을 느낀다. 그와 같이 농업에 관심을 갖고 새로운 아이디어를 내는 젊은 인재

---

* 탕치장(湯治場)의 일본어 발음이 도지바(とうじば)다.

가 절실히 필요한 때다. 와타나베 씨는 대학을 졸업한 후 스포츠용품 유통판매 회사에 다니면서 도예 수업을 들었다고 한다. 그때의 반농반도예와의 만남이 반농반X를 진지하게 생각하는 계기가 된 듯하다.

이후에 그는 출신지인 도쿄로 돌아가 IT 기업으로 자리를 옮겼으나 일본 복지대학의 도농 교류 사업의 기획 인재로 합격하자 다니던 회사를 그만두고 도지바 프로젝트를 개시했다.

그 외에도 종래의 가치관과는 전혀 다른 가치관을 실천하는 늠름한 젊은이들의 모습을 지속적으로 만나볼 수 있었다.

이상적 반농반X를 찾아서
– 반농반X의 대표 모델

효고현의 재래종(씨앗) 보존회 대표 야마네 시게히토 씨를 고베학생청년센터에서 운영하는 농숙農塾에서 만났다. 농숙은 '농업이 있는 생활' '환경 파괴가 진행되는 시대의 또 하나의 길' '농업 선배에게 배우는 유기농업'이라는 구호 아래 10여 년 전에 개설된 세미나다.

나는 종자에 관심이 생겨 농숙에 참가하게 되었는데, 여러

강사 중 유일하게 재래종과 자가 채종*의 중요성을 역설한 사람이 야마네 씨였다. 그래서 그의 농원을 찾아가보았다. 농원의 명패에는 농사짓는 장사꾼이 아니라 '장사하는 농부'라고 새겨져 있었다.

야마네 씨는 시내에서 양복점을 운영했는데 사업이 궤도에 오르자 부인에게 맡기고 1985년부터 근교에서 유기농 자가 텃밭(야마네 농원)을 돌보았다. 그리고 이듬해에 자가 채종을 개시했다. 그는 채소 종자가 전부 F1**으로 바뀌는 현실을 보고 자가 채종의 중요성을 역설하며 연구를 거듭했다. 그는 효고현 재래종 보존회를 설립한 동기를 이렇게 설명한다.

재래종과 지역 고유의 종자가 계속 감소하고 있습니다. 최근 40년간 모든 품종의 종자는 멀리 떨어진 대규모 시장 유통에 적합하게 개량되어왔습니다. 그 결과 수량, 구색, 외견, 보존성 등이 유리한 F1 품종이 주류가 되었고 맛, 향, 영양 등의 측면은 제대로 평가받지 못했습니다. 이 과정에서 재래종과 지역 고유종이 점점 사라져갔습니다.

재래종과 지역 고유종은 오랫동안 그 지역에 살아남아 풍토

---

* 좋은 종자를 골라서 채취하는 것.
** 한 세대만 유지되는 종자.

에 맞게 진화한 씨앗으로, 독특한 개성과 맛을 지녔으며 어느 정도 기후 변동이 있어도 잘 견디고 농약과 화학비료를 쓰지 않아도 생존하는 능력을 갖추었습니다. 지금 보존하지 않으면 두 번 다시 그것들을 얻지 못하게 될 것입니다. 재래종과 지역 고유종의 진짜 맛, 진짜 모습을 기억하는 세대는 이제 상당히 고령이 되었습니다. 자가 채종 기술마저 농촌에서 사라지고 있습니다. 이러한 씨앗과 씨앗을 지탱해줄 식문화를 보존해야 합니다.

인류의 음식에는 각각 원산지가 있으며 그것이 널리 전파되는 과정에서 각 지역의 기후와 풍토에 맞는 품종이 다양하게 생겨났습니다. 그러나 이제 시장 유통상 필요에 따라 품종 단일화가 진행되어 품종 다양성이 사라져갑니다. 너도나도 지역 내 물자 자급을 지향하는 지금, 그 시작은 현縣에서 나는 종자의 자급이 되어야 합니다. 따라서 저는 씨앗을 지속적으로 채취하는 일의 중요성을 현의 주민에게 알리고, 채종이야말로 식문화를 지탱하는 기본임을 호소하려 합니다.

그런 활동을 함께 추진하기 위해 현의 재래종 및 지역 고유종을 직접 채취하는 분, 재래종 및 지역 고유종의 보존에 관심이 있는 분, 지역 식문화에 관심이 있는 분 등을 모집하여 이 보존회를 설립했습니다.

야마네 씨의 X는 명확하며 확고하다. 그는 효고현 식생활 연구회 간사, 제충국* 보존회(모종 배포) 회원 등으로 활동하며 바쁘게 생활하고 있다.

나에게 그는 종자의 스승일 뿐만 아니라 이상적인 반농반X의 모델이다. 나는 왜 그의 삶을 이상적인 반농반X로 판단했을까? 그것은 그가 자영업으로 생활 기반을 확보한 뒤 농업과 X 활동에 전념한다는 세 가지 조건을 모두 만족시키고 있기 때문이다. 사회는 점차 그가 하는 일의 중요성을 인정하게 될 것이다.

옥상 텃밭
– 도시에서 반농반X를 실천하는 방법

NPO 법인 가제風의 대표이자 갤러리 시라카와(교토시 기온)의 경영자인 이케다 마치코 씨는 5층 건물 옥상에 빗물을 활용한 옥상 텃밭을 운영한다.

그녀는 지금까지 잊히기 쉬웠던 '바람'을 다양한 각도에서 재

---

* 국화의 한 종류. 냉혈동물, 특히 곤충에게 강한 독성을 발휘하여 운동신경을 마비시키지만 온혈동물에는 독성이 없으므로 가정용 고급 구충제로 쓰인다.

조명하여, 바람을 활용하는 생활과 바람의 문화를 소생시키고 사람들 마음에 윤기를 되돌려주려 한다. 그래서 후손들이 풍성한 자연과 공생할 수 있는 사회와 환경을 마련하고자 NPO 법인 가제를 설립했다. 가제는 다음과 같은 사업을 전개한다.

- 바람을 생활 속으로 되돌리기 위한 정보 발신 사업
- 바람을 이용한 자연 에너지의 연구 · 개발 사업
- 바람을 이용한 바람의 예술을 사회에 확대하는 사업
- 바람을 활용한 생활 문화를 배우는 세미나 및 강연회 개최 사업
- 바람을 이용한 친환경 생활의 제안 등

가제의 정보지에 이케다 씨 일가가 옥상에서 식사하는 풍경이 실렸다. 베란다든 정원이든, 야외 카페를 활용하는 '바람이 있는 생활'은 참으로 멋지다. 이처럼 바람을 활용하는 가정이 더욱 늘어나면 좋겠다.

일본의 정부는 자신만의 라이프스타일을 실천하는 사람, 또 어떻게 하면 그것을 실현할 수 있을지 열심히 연구하는 사람을 '생활의 달인'으로 선정하는데, 이케다 씨도 거기에 포함되었다. 정부가 생활의 달인을 설명한 내용을 여기에 소개한다.

"지금 우리의 경제와 사회는 큰 변곡점을 맞고 있습니다. 그

러다 보니 자신의 장래, 생활, 주변의 상황을 곰곰이 돌이켜보고 싶은 분들도 많을 것입니다. 주변 사람을 밝고 건강하게 만드는 사람, 새로운 라이프스타일에 도전하는 사람, 두근거리는 재미를 주는 사람, 다른 사람에게 본보기가 되는 사람 등, 자신다운 삶에 다가가기 위해 무언가에 도전하는 사람들을 생활의 달인이라고 부르기로 합시다. 우리 주변에도 그런 사람이 많을 것입니다."

그와 같이 새로운 방식으로 생활하는 사람들이 사회에 새로운 바람을 몰고 올 것이다. 다니마치 공중정원*의 주인인 야마우치 미요코 씨도 오사카시 주오구의 자택 옥상에서 채소와 허브를 기른다. 식물을 멋대로 자라게 두어 조금 야생적으로 보이지만, 옥상과 방 하나는 카페로 이용할 수 있다. 이 공간은 다니마치 공중정원의 자유 공간으로 누구에게나 개방되어 있다.

야마우치 씨는 대학 농학부를 졸업한 후 식물에 관련된 일에 종사했다. 그녀는 식물재배 설계자로서, 도시의 귀중한 야외 공간인 옥상과 베란다를 좀 더 친근하고 지속적으로 이용하는 공간으로 만들어 사람들이 식물과 흙을 자주 접할 수 있도록 돕는 일을 한다. 그녀는 도시에서도 시골 같은 생활을

---

* 연계와 공유가 있는 생활을 지향하며 도심 속 시골을 표방하는 임대 공간. 각종 세미나, 농사 체험 프로그램, 요리 교실, 모임, 회식 장소로 사용된다.

즐길 만한 공간이 없을지 고민한 끝에 방법을 조금씩 찾게 되었다고 한다.

나는 교토에서 야마우치 씨를 만났다. 도심의 건물 일부를 시골처럼 만들어 사람들의 마음을 변화하게 하려는 그녀의 시도는 시골에 사는 내 눈에 매우 신선하고 매력적이었다. 또 그녀 덕분에 도시에서도 반농반X가 가능함을 알게 되었다. 반농반X는 시골만의 것이 아니다. 어디에서든 생각만 있으면 반농반X를 실천할 수 있다. 도시의 옥상에도 비오톱을 만들어놓으면 어딘가에서 다양한 생명이 찾아와 매력적인 생태계를 형성한다. 사명, 개념, 열정, 행동력이 있으면 어디에 살든지 반농반X의 이상을 실현할 수 있다.

도전적인 활약상으로 반농의 진수를 보여주는 또 다른 단체들을 여기에 소개하려 한다.

언젠가 나와 생년월일이 똑같은 친구인 사사키 히로유키 씨(아야베 자원봉사센터 사무국장)가 멋진 홈페이지와 이메일 소식지를 알려주었다. 그 홈페이지의 제목은 '반경 3킬로미터 이야기'였다. 운영자는 오사카에 사는 사사키 씨의 친구이자 시민 프로듀서 존 세이코 씨와 그의 동료들이다.

"걸어서 이동할 수 있는 거리인 반경 3킬로미터 내의 멋진 사람, 풍경, 가게를 소개합니다. 우리 마을에 잠재된 힘을 찾아서 전파하고 연결하겠습니다."

반경 3킬로미터 이야기는 시대를 앞서나가는 사업이라고 생각한다. 모든 사람이 반경 3킬로미터 안에서 보물을 찾는 여행을 떠난다면 어떻게 될까? 그 범위가 점차 겹쳐서 전 국토를 뒤덮을 것이다.

"사람은 태어난 곳에서 3리 이내에 난 것을 먹으면 건강해진단다."

작가인 다나베 세이코 씨 어머니의 말이다.

자신이 사는 지역, 걸어갈 수 있는 곳에 집중하는 태도는 슬로푸드, 슬로 라이프 등의 새로운 사고방식을 상징하기도 한다. 나도 즉시 아야베의 주택 지도를 펼쳐보았다. 모두가 집에서 반경 3킬로미터 이내에 관심을 기울인다면 생각보다 큰 변화가 일어날 것이다.

자연과 함께하는 슬로 라이프
- 반농반X의 기본은 '장소'

일전에 슬로 비즈니스 연구소에서 반농반X로 강연할 기회가 있었다. 슬로 비즈니스란 환경을 배려한 지속 가능한 비즈니스를 의미하는데, 그곳에서 강연할 기회를 얻은 것은 효고현 히메지시에서 활동하는 가정과 일 연구실 대표 후지우라 쓰요시 씨의 추천 덕분이었다.

후지우라 씨는 육아 때문에 보람 있는 직장을 그만두고 육아 대디로 변신한 것을 계기로 가정과 일(사명)을 병행하는 삶을 연구하기 시작했다. 아이들과 지내는 시간, 가사와 육아에 참여하는 것, 시민 농원에서의 농사일, 바다낚시 등을 통해 자연과의 연계를 느끼는 것이 그와 가족에게는 행복의 원천이었다고 한다.

그의 사명은 우리 사회를 사람들이 진정한 행복과 풍요를 실감할 수 있는 사회, 즉 슬로 소사이어티(감속 사회)로 변화시키는 것이다. 그래서 고메타니 씨와 함께 슬로 소사이어티 협회를 설립하고 사무국을 담당하고 있다.

슬로 라이프를 제안하기 위해 히메지에서 발족한 슬로 소사이어티 협회는 다양한 슬로 프로젝트(슬로 오피스 만들기 지원 프로젝트, 하리마 유채꽃 프로젝트, 슬로 비즈니스 연구회, 슬로 소사이어티 형성을 위한 조사 연구, 싱크탱크 업무 등)를 진행하는 중이다.

반농반민속 연구가 유키 도미오 씨(지역학 제창자. 예술훈장 문부과학장관상 예술진흥 부문 수상자)는 좋은 지역의 조건으로 다음과 같은 것들을 들었다.

"바다, 산, 강 등 풍성한 자연이 있을 것. 좋은 관습이 있을 것. 좋은 직업이 있을 것. 적은 돈으로 즐겁게 살 수 있는 생활 기술을 전수할 배움의 장이 있을 것. 살면서 기분이 좋을 것. 자신을 생각해주는 친구가 세 명 이상 있을 것."

반농반X는 이와 같은 희망의 땅을 찾는 일에서 시작하는 것인지도 모른다.

'무예와 농사는 하나'라는 말의 의미

합기도의 창시자인 우에시바 모리헤이 옹(1883~1969년)은 1919년에 인연이 닿아 아야베의 오모토교 본부를 찾아갔다. 그리고 교주 데구치 오니사부로와의 만남을 계기로 오모토교의 본부가 있는 산에서 무농일여武農一如(무예와 농사는 하나다)의 생활을 하며 정신 수행에 전념했다. 그러다 '종교라는 틀을 벗어나 큰 세계로 가라'는 오니사부로의 권유를 받고 도쿄로 갔다가 만년에는 이바라키현 이와마 마을에서 '무농일여'의 마음가짐으로 합기도의 진수를 탐구했다. 그는 거기서 오직 농경과 훈련과 명상에 전념했다고 한다.

나는 이 '무농일여'라는 말이 어쩐지 매력적으로 느껴진다. 무예를 배운 적은 없지만 무언가 느껴지는 게 있다. 무술이 경지에 이른 사람일수록 농사를 지향한다는 이야기를 들었는데, 아마도 땅을 가까이하는 농사에 예술성과 신체 감각을 강화하는 힘이 있는 것 같다.

그 이야기를 하다 보니 교토 남부에서 아야베로 출퇴근하며 첫 쌀농사에 도전 중인 도이 준이치, 유코 씨 부부가 떠오른다. 그들은 경운기로 논 갈기, 써레질, 손 모내기, 김매기, 제초기 밀기, 논두렁 풀 깎기, 벼 베기, 볏덕에 벼 걸기, 탈곡 등을 한 차례 체험했다. 집 근처에서도 시민 농원을 빌려 농사를 짓는 도이 씨는 오랫동안 검도를 해와서 옛날 무술에도 관심이 많다. 조만간 정년을 맞게 되어서 제2의 인생을 모색하는 중이라고 한다.

도이 씨는 논에 맨발로 들어갔을 때, 손으로 모종을 심을 때 등 농사일을 하는 동안 다양한 깨달음을 얻었다고 말했다. 나에게 '농무일여'란 무엇일까? 우에시바 옹이 도달한 경지에 비하면 보잘것없지만, 그래도 내가 깨달은 것을 말해보자면 하늘과 땅 사이에 내가 있음을 실감하고 삼라만상과의 연계를 느끼는 삶이 아닐까 싶다.

2005년 2월, 교토의 지역과 사람을 연결하는 IT 지역 플라자 사업의 일환으로, 정보기술 활성화 대책 토론회인 '아야베에서 틀을 내자'가 개최되었다. 토론회의 부제는 '소재Identity × 인연 Meets × 테마Mission'였다. 셋을 합해 가치 창조를 지향하자는 것이다. 이제 정보기술의 발달 덕분에 시골이든 도시든 공간에 얽매이지 않고, 자신의 목표와 성향대로 일과 생활을 즐길 수 있게 되었다.

이 토론회에서는 정보기술을 이용한 '3일 시골·4일 도시 생활' 및 반농반X 등 두 가지 라이프스타일, 그리고 위에서 언급한 세 가지 가치 창조력을 기반으로 한 아야베의 틀(가치) 만들기에 관한 이야기가 오갔다. 그리고 슬로 라이프, 지속 가능성, 새로운 가치 창조와 순환, 다양한 사회적 기업 등이 토론의 키워드가 되었다.

이 토론회를 기획한 사람은 아야베에 살면서 NPO 법인 아야베 IT 웍스의 부이사장으로 활약하는 나가오카 하루아키 씨다. 나가오카 씨와는 그때까지 메일로 의견을 교환하면서 직접 만날 날을 기다려왔는데, 2004년 12월에 드디어 만남이 성사되어 세 시간 정도 대화를 나눌 수 있었다.

나보다 한 살 많은 그는 전기 부품 회사를 다니다 퇴직한 후 제어 설계와 PC 강좌의 강사 일 등을 시작했다고 한다. 지금은 웹 컨설턴트로 일하며 아야베시 교육위원회의 정보 교육 고문을 맡고 있고, 비상근 강사로 시내 초등학교에서 정보 교육을 진행하기도 한다.

그는 집에 논이 있긴 하지만 농사지을 시간이 좀처럼 나지 않는다며 웃는다. '아야베에서 틀을 내자'라는 토론회는 아야베의 새로운 기원을 만들기 위한 시도였다. 그 제목은 아야베에 본거지를 둔 오모토교의 가르침을 본떠 나가오카 씨가 만든 것이다. 오모토교에서는 신도들에게 틀을 내라고 가르치는데, 교인들이 좋은 본을 보이면 이상적인 세계가 실현된다는 뜻이다.

다양한 분야에서 21세기의 틀을 내놓는 것이 중요하다는 판단 아래 토론회에 이런 이름을 붙인 듯하다. '라이프스타일 디자인'이라는 제목의 제1부에서는 소셜 디자인 연구회의 아사노 레이코 씨가 '3일 시골·4일 도시 생활'로 강연한 데 이어 내가 '반농반X의 삶'에 관한 강연을 했다.

제2부에는 '새로운 가치의 창조'를 주제로 토론이 있었고, 여러 프레젠테이션이 이어졌다. 먼저 사토야마네트 아야베의 사무국장인 다카쿠라 다케오 씨가 '도시 교류에서 가치를 창조한다', 설계사인 하라다 아키라 씨가 '군시*로 가치를 창조한다'를

---

* 郡是, 일본식으로 읽으면 '군제'. 속옷 등으로 유명한 군제 주식회사의 원래 사명으로, 창립자 하루노 쓰루키치 옹은 나라에 국시(國是)가 있듯이 군에도 군시가 있어야 한다는 정신으로 이 회사를 만들었다고 한다. 그 후 지역 농가들이 양잠에 힘쓴 덕분에 누에의 고향 아야베의 이름이 널리 알려졌다.

제목으로 발표했다. 그리고 아야베 IT 웍스의 모토이 요이치 씨가 '지속 가능한 가치를 창조한다'는 제목으로 프레젠테이션을 했다. 이날은 나가오카 씨가 붙인 이름처럼, 아야베에서 새로운 틀이 나온 기념할 만한 날이었다.

이날 나는 작은 마을도 새로운 가치를 창조할 수 있다는 자신감을 얻었다. 작은 시골 마을에서도 분명 세계적인 틀을 만들어낼 수 있다. '소재×인연×테마'라는 공식은 어느 분야에나 응용할 수 있는 마법의 법칙이었다.

반농반X가 향할 곳은 어디인가?

효고현에 사는 20대의 고미야 유스케 씨는 내가 출판사 소니 매거진에서 『반농반X의 삶』을 출간할 수 있도록 도와준 고마운 사람이다.

2003년 1월 〈닛케이 신문〉의 정월 특집에 반농반X를 대대적으로 소개한 기사가 실렸다. 그 기사를 본 소니 매거진의 편집자가 메일로 출판 제의를 보냈는데, 나중에 알고 보니 그 기사를 쓴 기자 역시 고미야 씨에게서 내 이름을 들었다고 한다.

그 기사에는 고미야 씨와 내가 함께 소개되어 있었다. 고미야 씨는 고베 대학을 졸업한 후 효고현 사사야마시에서 개인의 삶과 생활을 돌아보는 농가 민박 '무無의 집'을 운영하고 있다. 무의 집은 구조조정 당한 사람 등, 삶의 방식을 모색하는 사람들이 흙을 접하면서 회복하는 장소다.

나는 이처럼 인연이 닿은 사람들에게 매달 반농반X 연구소 소식을 보낸다. 그 메일 소식지에 "군대가 무기를 내려놓고 싶어지는 음악을 만들고 싶다"는 음악가 사카모토 류이치 씨의 말을 인용한 적이 있다. 그 말을 처음 접한 곳은 쓰지 신이치 씨 대담집인 『평화 촛불』이었다. 저자가 말하기를, 뉴욕에 살던 사카모토 씨는 9·11 테러의 공포와 불안에 시달리면서도 그곳을 떠나지 않고 '군대가 무기를 내려놓고 싶어질 만한 음악을 만들 수 없을까?'라고 고민했다고 한다.

나는 메일 소식지에 이런 메시지를 덧붙였다.

"'군대가 무기를 내려놓고 싶어질 만한 무엇인가를 만들 수는 없을까?' 이것이야말로 현대를 사는 우리 세대가 자신에게 던져야 할 질문인지도 모릅니다."

그랬더니 고미야 씨가 당장 메일로 이런 답변을 보내주었다.

"군대가 무기를 내려놓고 싶어질 만한 것 중 하나가 농업이 아닐까요? 무의 집을 그런 즐거운 농업을 체험할 수 있는 임대 농원으로 만들고 싶습니다."

무의 집에서는 밭벼*의 가능성을 시험하고 있다고 한다. 아시아의 여러 다른 나라에서도 물 부족이나 환경 문제로 최첨단 밭벼를 연구하고 있는데, 고미야 씨도 그것에 도전하는 것이다. 생활이 조금 여유로워진 요즘에는 평화학습을 진행해서 반농반평화학습이라는 형태로 바뀌었다고 한다.

인류의 궁극적 이념은 평화다. 반농반X의 궁극적 목표도 아마 평화일 것이다.

---

* 밭에 심어 기르는 벼. 볍씨를 뿌려 기르는데, 알이 굵고 잘 여문다.

제5장

X, 어떻게 찾고 실천할까?

천직 발견을 위해 꿈을 점검하는 나의 방법

자기 연표 만들기
– 나는 어디서 왔고 지금 어디로 가는가?

자기 연표를 만들어 최근 15년(12년+α)간 자신에게 일어난 사건을 정리해보면 다양한 깨달음을 얻을 수 있다. 내 경우를 예로 들어보자.

1990년(25세)경, 환경 문제와 트랜스퍼스널Transpersonal 심리학* 등 마음의 문제(자기 탐색에 관한 문제)에 관심이 생긴다.

1992년, 아사히 문화센터 특별 강좌에서 피아노 연주자인 가즈코 자일러 씨의 강연을 듣고 『자일러 부부의 청경우주』⁹를 읽는다.

1995년경, 호시카와 준 씨의 '반농반저' 개념을 접한다. 가와키타 지로

---

* 인간의 마음을 이해하고 정신 질환을 치료하기 위해 변경된 의식 상태나 초월적인 경험에 주목하는 학문. 심리학의 한 분야.

씨의 『야성의 부흥』[10]에서 날이 개면 논밭을 갈고 비가 오면 창작을 한다는 청경우창晴耕雨創의 개념을 접한다. 미야우치 가쓰스케 씨와 야마오 산세이 씨의 대담집에서 '발리섬 모델'을 접한다.

이처럼 '새로운 개념과의 만남'이라는 관점에서 자기 연표를 만들어보는 것도 재미있다.

위에서 언급한 다양한 개념들 덕분에 반농반X가 생겨났다. 지금까지 기획 기사로 다루어지고 프레젠테이션에서 소개된 것처럼, 반농반X의 개념이 앞으로도 미래의 누군가가 새로운 개념을 형성하는 데 긍정적인 영향을 미치기를 바란다.

환경을 생각하며 자기 탐색을 하던 서른 무렵에 이런 이야기를 들었다.

"한 남자를 태운 말이 전속력으로 달려온다. 길가에 서 있던 사람이 어디로 가느냐고 묻자 말 위의 남자는 난처한 표정을 지으며 말에게 물어보라고 대답하더니 사라졌다."

이 이야기를 듣고 '자신이 어디로 가는지조차 모르는 건 이 남자나 나나 똑같구나' 싶어 충격을 받았다. 자기 연표를 만들어보면 자신이 어디로 가는지 보이기 시작할 것이다. 그러나 자동차 네비게이션과 마찬가지로, 인생을 여행하려면 내가 지금 어디에 있는지도 알아야 한다. 우리는 대개 목적지에 신경을 쓰기 쉽지만 '나는 어디서 와서 지금 어디로 가는가', 즉 현재 있는 곳을 아는 것도 중요하다.

새로운 해가 시작될 때나 무언가 계기가 필요할 때, 인생 연표를 만들면서 자신이 어디서 왔고 어디로 가는지, 지금은 어디에 있는지를 점검해보기 바란다. 준비물은 A4 용지 한 장과 펜 하나다. 거기에 지금으로부터 과거 10~15년 동안 자신을 중심으로 일어난 사건을 적어보자. 세로축은 연도, 가로축은 자신의 나이와 사건이다.

사건 란에는 자신의 주변에서 일어난 일, 자신에게 영향을 준 사람이나 책, 자신이 여행한 곳 등 추억이나 상징적인 사건을 생각나는 대로 적자. 도예나 그림, 영어 등 새로 배운 것, 또 오래 지속했던 일(취미 등)도 기입한다. 취직, 이직, 자리 이동 등 직장에 관련된 것이나 결혼, 출산 등 개인적인 사건도 모두 적자. 그렇게 만든 인생 연표를 천천히 들여다보자. 그러면 무언가 조금씩 보이기 시작할 것이다.

과거의 사건 중에는 스스로 어찌할 수 없었던 숙명적인 사건도 있고 자신이 선택해서 일어난 사건도 있다. 그러나 그 전부가 자신이 에너지를 할애했던 귀중한 일들이다. 앞으로의 사건은 지금부터 스스로 설계하면 된다. 아주 작은 일이라도 좋으니 새로운 일을 시작해보자. 그러면 인생이 크게 달라질 것이다.

작게 시작한 내 인터넷 블로그(공개 일기)도 지금은 제법 커졌다. 아내는 볶은 현미차를 마시기 시작했고 딸은 아침 일찍 일어나기에 도전하고 있다. 무엇이든 이렇게 적으면 된다. 지금은 기회가 넘치는 시대다. 새롭게 도전해야 미래의 문이 열리고 자신과 주변이 멋지게 변한다.

꿈을 확인하는 습관 들이기

12월부터 1월 사이에 대부분의 사람이 지나간 한 해를 돌아보거나 새로운 해를 계획한다. 그래서 나는 이 시기를 '꿈을 점검하는 달'로 부른다. 바쁘게 살다 보면 일상에 꿈이 묻히기 쉽다. 때때로 꿈에도 대청소, 재고 정리, 점검이 필요하다. 자신의 꿈이 무엇이었는지조차 잊어버린다면 어찌 꿈을 실현할 수 있겠는가.

다음 두 질문에 답하며 꿈을 점검해보자.

첫 번째 질문은 '내 꿈은 무엇인가?'다. 준비물은 종이와 연필, 새해의 스케줄 수첩, 휴대전화, 연하장 또는 엽서다.

일단 종이에 3×3=9칸을 그린 후 한가운데 칸에 '꿈은 무엇?'이라고 적는다. 나머지 8칸에는 자신이 이루고 싶은 것을 적는다. 그리고 직감에 따라 편하게 이것저것 떠올려본다. 아주 작은 것이라도 좋으니 떠오르는 것 여덟 개를 적는다(순위 없이 그냥 적는다). 이것이 바로 앞에서 소개한 '만다라트'다.

요즘은 어른 아이 할 것 없이 모든 사람이 꿈을 만드는 힘을 잃어가는 듯하다. 그러나 자신이 도달하고 싶은 목표를 문자화하거나 그림으로 그려 가시화하면 꿈을 구체적으로 떠올리고 실현을 앞당길 수 있다.

가운데 칸의 질문을 바꾸면 응용도 가능하다. '5년 후의 나' '좋아하는 일' 등 이것저것 질문하면 된다.

'앞으로 특히 집중하고 싶은 일' '에너지를 투자하고 싶은 꿈(비전·목표)'이라고 적은 뒤 나머지 여덟 칸에 답을 적어보자. 순위는 신경 쓰지 않아도 된다. 나는 다음 여덟 가지를 적었다.

① 반농반X 개념의 전파

② 신 개념 창조(개념, 키워드, 틀, 법칙 등)

③ 단어 수집과 공유(희망, 사명에 관한 것, 지속 가능한 생활에 관한 것 등)

④ 사명 다양성 사회의 모색(X의 사례와 X를 발견한 시기 조사)

⑤ 마을의 빛 카페(선배의 지혜 계승)

⑥ 지역 단체 및 개인의 사명 후원

⑦ 인생 탐구 도시 아야베 응원하기(개념 만들기, 정보 발신 등)

⑧ 슬로 라이프 관련 메시지 티셔츠 프로젝트

일상의 잡다한 일에 쫓기다 보면 꿈을 잊기 쉬우니 자주 확인하는 습관을 들여야 한다. 이때 꿈의 실현을 지원할 강력한 도구가 수첩과 휴대전화다. 수첩에 앞의 여덟 가지 꿈을 베껴 쓰자. 휴대전화에도 입력하고, 메일로도 보내놓자. 그리고 매일 그것을 되새기자. 친구들에게 연하장이나 엽서를 보내 꿈을 공표(선언)하는 것도 좋다. 꿈을 실현하는 데에는 이 방법이 상당히 효과적이다.

꿈은 격동의 시대를 헤쳐나갈 수 있도록 우리를 강력하게 이끌어줄 것이다. 자신의 꿈을 자기 자신도 모른다면 실현의 날은 다가오지 않는다. 그러므로 매일의 자기 점검이 무엇보다 중요한데, 그 기본이 종이에 쓰는 행위다.

두 번째 질문은 '올해 가장 기뻤던 일은 무엇인가?'다. 우리 집에서는 매해 섣달그믐날마다 새로운 행사를 열기로 했다. 온 가족이 난로를 둘러싸고 앉아 올해 가장 기뻤던 일을 발표하는 것이다.

이제 곧 올해와 헤어지니
작별 파티를 합시다.

여러분 다들 오세요.

맛있는 음식을 준비했어요.

와주신 분들은

올해 가장 기뻤던 일을

이야기해주세요.

나카가와 리에코 씨의 명작 그림책 『구리와 구라의 1년』[11]에 나온 위의 시를 보고 우리도 발표회를 열기로 했다. 가족들의 발표를 듣다 보면 '아, 올해도 기쁜 일이 많았구나. 행복했구나'라고 느낀다. 이처럼 기쁨을 느끼고 그것을 더욱 성장시키는 것이야말로 꿈을 이루는 지름길이다.

잘되는 일에 집중한다

"제 X를 찾는 데 효과적인 방법이 없을까요?"라고 묻는 사람이 많다. 그 질문에 대답하기 전, 사이먼 레이놀즈의 『여자의 삶을 바꾸는 행복 초콜릿 50』에 나온 '잘되는 다섯 가지 일에 집중하라'라는 대목을 인용하겠다.

"미국에서 가장 유명한 자기계발 코치 토니 로빈스가 보급한

'초점 제어법'은 매우 신속한 효과를 발휘한다. 로빈스는 행복과 불행은 '무엇에 의식을 집중하느냐'에 달려 있다고 말한다. 잘되는 일에 집중하면 잘되지 않는 일에 집중할 때보다 밝은 기분을 유지하기 쉽다. 실천 방법은 간단하다.

당신의 인생에서 잘되고 있는 일을 다섯 가지만 꼽아보자. 그리고 그 다섯 가지를 하루에 몇 번씩 떠올리면 된다. 그러면 며칠 안에 인생이 개선되었다고 느낄 것이다."

나는 이것이 아주 좋은 방법이라고 생각한다. 우리는 의외로 집중하지 않아도 될 일에 집중하는 경향이 있다. 언제나 나에게 긍정적인 자극을 주는 메이지 대학의 사이토 다카시 교수는 이렇게 말했다.

"삼각대를 떠올려보자. 다리가 둘이면 넘어진다. 다리가 셋이면 서 있는다. 넷은 너무 많다. 스포츠 경기에서 이기려 할 때도 특기가 하나만 있으면 안 된다. 특기가 세 개는 있어야 자신만의 틀이 있는 선수라고 말할 수 있다."

예전에 포털 사이트 간사이닷컴*의 웹 편집부 매니저 쓰치야 요시유키 씨가 매력적인 블로그를 만드는 요령을 다음과 같이 알려준 적이 있다.

"특기 분야를 세 가지 정도로 압축하면 어떨까? 예를 들어

---

* 2008년 5월에 케이옵티콤에 합병된 후 7월부터 운영을 중단했다.

과자라면 푸딩, 그것도 편의점에서 파는 푸딩에 관해서만 쓰는 것이다."

매우 중요한 관점이다. 하나나 둘이면 경쟁자가 많을지 모르지만 셋을 조합하면 의외로 누구나 독보적인 존재가 될 수 있다. 같은 생각을 한 가지, 또는 두 가지쯤 하는 사람은 세상에 많겠지만 세 가지가 똑같은 사람은 없으니 말이다. 자기 틀의 구성 요소(좋아하는 일, 잘하는 일, 중요하게 여기는 일 등)를 세 가지로 압축하라는 사이토 씨와 쓰치야 씨의 말에, 존경하는 고 후지모토 도시오 씨의 "위치를 알면 사명을 안다"라는 말을 다시 한번 덧붙이고 싶다.

사이토 씨와 후지모토 씨의 말을 곰곰이 생각하다가 다음과 같은 공식을 찾아냈다. '사명 = 내 틀을 이루는 세 가지 키워드(농업, 아동, 교육) × 내가 사는 곳(현장, 무대, 지역)'이다. 이쯤 되면 자신의 사명이 보이지 않을까?

중요한 것은 선택과 집중(전략적 집중)이다. 우리는 할 일 많은 바쁜 사회에 살고 있다. 그렇기에 무엇을 하지 않을지(버릴지) 선택하는 일이 점점 더 중요해진다. 바꿔 말하면 무엇에 집중하느냐가 중요해진다는 얘기다. 그러려면 자신에게 무엇이 가장 중요한지부터 알아야 한다. 요리, 그림책, 비즈 액세서리 등 무엇이든 괜찮다. 좋아하는 일, 잘하는 일, 사람들이 좋아하는 일 등, '좋은 흐름에 올라탔구나' 싶은 일에 에너지(시간, 돈, 애정 등)를 투자해야 한다.

자신에게 없는 것에 대한 집착을 버리고 이미 있는 것을 소중히 여기자. 그리고 얻은 것은 독점하지 말고 주변과 나누자. 윤택한 시대에 사는 것에 감사해야 한다. 그런 의식을 유지하며 천천히 걸어가면 분명 행복을 거머쥘 수 있다.

희망을 만들어내는 세 가지 힌트

삶이란 희망을 찾아 기르는 일이다. 그런데 '장래에 희망을 품을 수 있는 사람과 그렇지 않은 사람의 차이가 현저해지는 희망의 양극화가 진행되고 있다'고 한다. 도쿄 학예대학의 야마다 마사히로山田昌弘 교수가 자신의 저서 『희망 격차사회』에서 그 위기감을 이야기했다. 슬프지만 요즘 일본을 둘러보면 확실히 그런 현상이 벌어지고 있다.

무거운 숙제를 받은 것처럼 줄곧 그 문제를 생각했다. 희망이란 공기나 음식처럼 삶에 꼭 필요하다. 그래서 희망의 싹을 찾아 그것을 키우는 '희망 창조력'은 우리에게 없어서는 안 될 중요한 능력이다. 그러나 학교에서는 희망을 어떻게 만드는지

가르쳐주지 않는다. 따로 가르치는 사람도 없어서, 그 방법을 아는 사람이 드물다.

그런데 내 가슴속에는 언제부터 희망이 싹텄을까? 나는 그 싹을 어떻게 찾아냈을까? 돌아보면 세 가지 사건을 계기로 희망을 품게 된 것 같다.

첫 번째는 '키워드의 발견'이다. 인생을 항해하려면 나침반이 될 키워드가 반드시 있어야 한다. 나에게는 반농반X가 그런 나침반이 되어주었다. 두 번째는 '좋아하는 일의 발견'이다. 좋아하는 일은 사람이 행복해지기 위해 꼭 필요한 도구다. 나는 새로운 말을 만들거나 감동을 주는 말을 수집하여 다른 사람에게 선물하기를 매우 좋아한다. 세 번째는 인터넷 덕분에 '생각을 자유롭게 발신할 수 있게 된 것'이다.

희망의 조각들은 의외로 가까운 곳에 떨어져 있는 법이다. 노벨 평화상을 받은 케냐 출신의 왕가리 마타이 씨가 '아까움'의 정신을 재평가했듯이*, 지속 가능한 작은 생활이야말로 희망의 원천이 아닐까? 아까움의 정신은 희망적인 사회를 이루는 데 매우 중요한 요소다. 미래의 희망은 '아까움의 정신'과 (남에게 도움이 되는) '좋아하는 일'에서 싹튼다고 해도 과언이 아닐

---

* 일본어 '못타이나이(勿体無い)'는 아깝다는 뜻. 왕가리 마타이가 일본을 방문했을 때 이 단어에 깊은 인상을 받아 전 세계 환경운동의 구호로 쓰기 시작했다. 못타이나이 캠페인은 아사히신문 및 70여 개 민간 기업, 협회, 정부의 협력으로 지금까지 지속되고 있다.

것이다. 없는 것을 한탄하지 않고 지금 있는 것에 눈을 돌려 지혜롭게 활용하려면, 역시나 자기 자신을 직시하는 작업이 필요하다.

희망을 만드는 일에는 '희망의 퍼즐 맞추기'가 효과적이다. 종이(펼친 잡지 크기)와 연필만 있으면 되는 간단한 작업인데, 먼저 한가운데에 자신의 이름을 쓴다. 그리고 그 주변에 어릴 때 좋아했던 일, 과거에 감동을 주었던 책이나 사람 또는 말, 지금 관심이 가는 일이나 장소, 수집하는 물건 등을 적는다. 빈 공간이 남으면 배우자와 자녀, 부모와 형제, 친구의 특기까지 써 넣는다. 이렇게 종이를 채우다 보면 항목 사이의 공통점이 조금씩 보일 것이다.

한두 조각만 있으면 전체적인 그림을 볼 수 없지만 조각이 늘어날수록 전체상을 볼 수 있다. 그러려면 종이를 되도록 꽉 채우는 것이 좋다. 중요한 것은 희망의 조각, 가능성의 조각을 모아 이리저리 조합하는 일이다. 그 과정에서 자신의 장래 키워드, 좋아하는 일, 정보 전파가 가능한 분야를 찾아보자.

삶이란 희망을 찾아 기르는 일이다. 그러므로 주변을 탓하는 데 시간을 낭비하지 말고 지금 자신이 할 수 있는 일, 해야 할 일을 명확하게 파악하고 작든 크든 행동을 개시해야 한다.

"남에게 주지 않은 것은 전부 낭비다."(인도 속담)

"하늘에 가져갈 수 있는 것은 남에게 준 것뿐."(성경의 교훈)

30대부터 이 말들을 되뇌어왔지만, 처음에는 '내게도 줄 것이 있을까?'라며 반신반의했다. 그러나 생각이 점차 이렇게 바뀌었다. '사람은 누구나 도움이 될 무언가를 갖고 있다.' 우리에게는 남에게 줄 것이 아직 많이 남아 있다.

상호가 들어간 명함을 만들자

내 명함에는 '반농반X 연구소' '콘셉트 포 X'라는 두 개의 상호가 적혀 있다. 그리고 우치무라 간조 선생이 33세 되던 해인 1894년 하코네에서 했던 '후세에 남기는 최대의 유물'이라는 강연의 한 대목도 적혀 있다. "우리는 무엇을 이 세상에 남기고 떠날까? 돈일까, 사업일까, 사상일까."

도쿄의 실력 있는 인쇄회사 아라바키 협동인쇄에 명함을 의뢰했을 때 그곳 대표인 세키네 미이코 씨가 강력하게 추천하기에 1998년 무렵부터 그 말을 명함에 넣었다. 명함에는 반드시 개인적인 메시지가 담겨야 한다고 생각한다. 모처럼 만났는데 아무 내용도 없는 명함을 건넨다면 기회가 아깝지 않을까? 명함은 자신의 세계관을 표현하는 도구다.

나는 스물여덟에 '후세에 남기는 최대 유물'이라는 강연 내용을 접하고 큰 감명을 받았다. 서른셋에 인생을 새로 시작하자고 맹세하게 된 것도 이 책과 이 말 때문이었다(생후 33년 10개월이 되었을 때 약 10년간 근무했던 회사를 졸업했다). 무려 110년 전 연설인데도 에너지가 느껴진다. 힘 있는 말은 시대를 초월하여 사람을 변화시킨다.

X(사명)와 상호 및 직함 사이에는 매우 밀접한 관계가 있다. 통역사가 되고 싶은 사람, 일러스트레이터가 되고 싶은 사람이 명함에 그 뜻을 적었더니 일이 들어오기 시작했다는 이야기를 들었다. 또 건물에 간판을 달았더니 일과 인재가 들어오더라는 이야기도 들었다. 이름을 대거나 이름을 붙이는 일에는 무언가 신비한 힘이 서려 있는 것 같다.

'나는 무엇을 하는 사람인가?' 이 물음에 제대로 표현하지 못하면 자신의 꿈을 남에게 전달할 수도, 꿈에 대한 도움을 받을 수도 없다. 나는 다행히 반농반X라는 개념을 발견해서 그 뒤에 연구소라는 말을 붙여 세상에 하나뿐인 상호를 만들 수 있었다. 그리고 나 혼자 운영하는 연구소라 직함도 자동으로 '반농반X 연구소 대표'가 되었다. 게다가 세상에 하나뿐인 연구소니 경쟁자도 없다. 그야말로 '스트레스 프리'다.

세상에 하나뿐인 상호를 붙이자. 직함을 다른 누군가에게 받지 않고 스스로 만드는 것은 매우 의미 있는 일이다.

다음 질문에 답해보자.

당신은 무슨 일을 하는 사람입니까?

자신의 상호를 무엇으로 정하고 싶습니까?

당신의 직함은 무엇입니까?

학생이든 주부든 꼭 명함을 만들어보자. 그러면 희한하게도 활동 영역이 넓어질 것이다. 이것이 당신의 꿈에 확 다가서는 비결이다.

일찍 일어나기
- 생활 패턴을 바꾸어본다

일찍 일어나면 운이 좋아진다는 말을 종종 듣는데, 사실인 듯하다. 회사원 시절에 들은 강연에서도 일찍 일어나는 습관은 인생을 성공으로 이끄는 조건 중 하나라고 했다.

운에 관해 말하다 보니 미국의 한 회사가 실시하는 면접 이야기가 생각난다. 그 회사는 면접관이 "당신은 자신이 운이 좋다고 생각합니까?"라고 물었을 때 "아니요"라고 답한 사람을 채용하지 않는다고 한다. 회사 입장에서 운 좋은 사람이 입사하면 좋은 일이 생길 것이고, 개인적으로도 운 좋은 사람과 가까이 지내는 것이 좋기 때문이다.

식생활을 바꾸거나 사고방식을 긍정적으로 바꾸면 운명이 달라진다고 한다. 새삼 최근 3년 동안 일어난 일들을 돌아보면서 내가 얼마나 운이 좋은 사람인지 실감한다. 폐교된 모교를 거점으로 삼게 되었고, 녹색 관광을 기획해달라는 제안도 받았고, '일본에서 제일 짧은 편지쓰기 대회'로 이름이 알려진 잇피츠케이조* 상을 받은 데에다 10년 전부터 제창했던 반농반X을 다룬 책까지 냈다. 예전에도 운이 좋았지만 요즘은 무언가 차원이 다른 물결에 올라탄 기분이다.

일찍 일어나는 생활은 2002년 1월에 갑자기 시작되었다. 어느 날 문득, 딸과 함께 일찍 잠들고 새벽에 일어나 아침을 내 시간으로 활용하자고 결심했다. 다 큰 어른이 어린 딸과 함께 저녁 8시에 잠든다니 조금 우습긴 하지만, 밤에는 TV가 유혹하는 데에다 몸도 뇌도 지쳐 있다. 게다가 책을 읽거나 사색을 하면서 좋아하는 일을 심화하는 시간은 밤이든 새벽이든 상관없다는 것을 깨달은 후 단숨에 새벽 3시 기상을 실천했다.

전에도 여러 번 일찍 일어나는 생활을 시도했지만 매번 작심삼일로 끝났다. 그러나 '3시'라는 터무니없는 시간을 목표로 정

---

* 一筆啓上. 남자가 편지 앞머리에 쓰는 관용구. '한 말씀 올리겠습니다'라는 뜻.

했더니 아주 쉽게 실천할 수 있었다. 나 스스로도 깜짝 놀랄 정도로 순조롭게 생활이 바뀌었다.

나는 왜 3시에 일어나기로 했을까?

아마도 그 시간이 내 X(필생의 사업)에 적합했기 때문일 것이다. 좋아하는 일에는 먹고 자는 것을 잊을 만큼 몰두하게 된다고 하는데, 좋아하는 일을 위해서라면 새벽 기상도 얼마든지 가능하다.

일찍 일어나는 생활은 나에게 더 큰 행운을 가져다주는 듯하다. 나는 행운을 부르는 방법을 다음과 같은 방정식으로 표현한다.

'아침 일찍 일어나 자신을 기르는 시간 갖기×그 시간에 좋아하는 일 하기×얻은 것과 배운 것을 많은 사람과 나누기'

나는 천직을 발견하는 데 도움이 될 만한 말을 찾기를 좋아하는데, 그런 말을 찾으면 꼭 누군가에게 전해주고 싶어진다. 아내는 "쓸데없는 참견 아니야?"라며 웃는다. 하지만 그런 말을 전해주면 상대는 고맙다는 인사와 함께 다른 멋진 말을 돌려준다. 주면 돌아온다고 하던데, 정말 맞는 말이다. 격동의 시대를 살아가려면 운을 내 편으로 만드는 것이 중요하다. 한 번뿐인 인생이니 모두가 좋은 물결에 올라탔으면 좋겠다.

아내 역시 나와 딸이 잠든 후의 시간을 적극적으로 활용하여 간단한 자연 요리를 연구한다. 그래서 새벽에 일어났을 때 식탁에 놓인 시식용 과자를 발견하기도 한다. 우리 부부는 둘 다 적극적인 사색의 시간, 고독의 시간이 필요한 성격인 듯하다. 그래도 아내에게 '아침이 좋다'고 권하고는 있다.

꿈 실현을 위한 '사명 노트'는 언제나 곁에 둘 것

나는 꿈을 이루기 위한 노트를 언제나 갖고 다닌다.

2003년 1월 중순, 우연히 잡지에서 별자리 운세를 보았는데 내 별자리인 양자리 란에 '2003년에는 일을 새롭게 시작하지 말고 집대성하라'고 되어 있었다. '그런가?' 하며 새 노트를 꺼내 사명 노트라는 이름을 쓴 뒤, 반농반X에 관련한 키워드와 아이디어, 꿈 등을 정리하기 시작했다. 그리고 그다음 날, 소니 매거진으로부터 '반농반X에 관한 책을 내지 않겠느냐'는 메일을 받았다.

사람의 수만큼 X가 있다지만, 그것을 실현하는 관건은 '결심하는 힘'에 있는지도 모른다. 『반농반X의 삶』에서 다양한 반농반X 실천가들을 소개했는데, 그들 모두 무언가를 결심했다는 공통점이 있다. 우리 선조는 '인생은 큰 결단과 작은 결단의 축적'이라고 말했다. 현대에도 여전히 결심과 결단은 우리 인생을 행운으로 이끄는 중요한 요소다.

사명 노트를 들고 공원으로, 들판으로, 시민 농원으로, 논밭으로, 숲으로, 산으로, 바다로 가자. 거기서 떠오른 생각과 아이디어를 기록하자. 책에서 본 멋진 말을 적어도 괜찮다. 되도록이면 컴퓨터를 쓰지 말고 오감을 자극하는 종이와 그 자극을 받아들이는 눈과 코와 손, 뇌에 자극을 주는 펜(혹은 연필)을 쓰자. 나는 이 노트를 논밭에도 항상 갖고 다닌 덕분에 수많은 깨달음을 수확할 수 있었다.

자연은 많은 영감을 선사해준다. '반농'이 수신 감도를 높여주는 덕분이다. 이렇게 받아들인 메시지를 다른 사람과 나누면 더욱 멋진 일이 일어난다. 용기를 내서 깨달음을 전파하고 공유하고 선물해보자.

앞서 말했다시피 나는 건강과 환경을 생각하는 미국식 라이프스타일 LOHAS와 천직의 합, 즉 'LOHAS + 천직'이 미래적 삶의 이상형 중 하나가 되리라고 믿는다.

그 생각을 하다 보니 앞서 말했던 도표가 머릿속에 떠올랐다. 가로축은 천직/비천직, 세로축은 LOHAS/비LOHAS다. 이런 관점에서 지금의 사회를 바라보면 시대의 흐름을 어느 정도

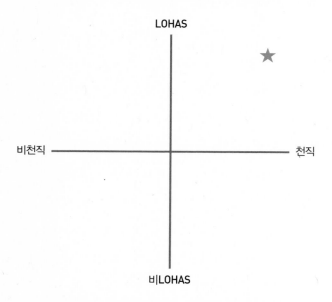

타고난 재능을 살린 일 (X)

농업이 있는 지속 가능한 작은 생활 (Simple Life)

파악할 수 있다. ★은 우리가 향할 곳을 가리킨다.

머잖아 'LOHAS + 천직'을 표현하는 새로운 말이 생겨날 것이다. 반농반X가 그와 비슷한 의미를 품고 있지만, 새로운 시대를 창조하려면 새로운 말이 필요하다. 새로운 라이프스타일에 이름을 붙여 새로운 사상의 창시자가 되어보자. 이것 역시 매우 중요한 일이다.

나는 앞의 매트릭스가 완성되기 전에는 '농업이 있는 지속 가능한 작은 생활Simple Life'을 분모로 하고 '천부의 재능을 활용한 일(X)'을 분자로 하는 방정식(공식)을 사용했었다(도표 참조).

매트릭스에 따르면 우리는 '농업이 있는 지속 가능한 작은 생활'과 '타고난 재능을 살린 일' 쪽으로 점점 이동해야 한다. 즉 단순하게 살기 위한 지혜를 실천하며 자신의 X에 관한 철학을 심화해 사회문제를 해결하는 것이다. 그러기 위해서는 한 사람 한 사람이 작은 행동부터 개시하여 작은 변혁을 거듭해야 한다. 천천히 그런 과정을 쌓아나가자.

책의 마지막에서 장 지오노의 명작 소설 『나무를 심은 사람』의 한 대목을 독자 여러분에게 선물하고 싶다. 이 글은 내가 때때로 나 자신을 격려하고 싶을 때 읽는 것이기도 하다.

"세상을 진짜로 바꾸는 것은 권력도 부도 아니다. 또 숫자나 힘에 의존하는 행동도 시끄러운 주장도 아니다. 조용히 지속되

는 의지에서 나온, 거들먹거리지도 눈에 띄지도 자기 자신을
의지하지도 빠른 효과를 추구하지도 않는, 끈질기고 사사롭지
않은 행위다."

옮긴이 **노경아**

한국외국어대학교 일본어과를 졸업했다. 현재 번역 에이전시 엔터스코리아에서 다양한 분야의 출판기획 및 일본어 전문 번역가로 활동하고 있다.
옮긴 책으로는 『반농반X의 삶』 『세계 건축가 해부도감』 『작은 집 짓기 해부도감』 『메이커스 진화론』 『이나모리 가즈오의 인생을 바라보는 안목』 『무엇이 나를 결정하는가』 등이 있다.

반농반X로 살아가는 법

초판 1쇄 인쇄 | 2019년 4월 8일
초판 1쇄 발행 | 2019년 4월 15일

지은이 | 시오미 나오키
옮긴이 | 노경아

발행인 | 김기중
주간 | 신선영
편집 | 양희우, 박이랑, 고은희, 정진숙
마케팅 | 이민영
경영지원 | 홍운선
펴낸곳 | 도서출판 더숲
주소 | 서울시 마포구 동교로 150, 7층 (우)04030
전화 | 02-3141-8301~2
팩스 | 02-3141-8303
이메일 | info@theforestbook.co.kr
페이스북·인스타그램 | @theforestbook
출판신고 | 2009년 3월 30일 제2009-000062호

ISBN | 979-11-86900-85-7 (03300)

이 도서의 국립중앙도서관 출판예정도서목록(CIP)은 서지정보유통지원시스템 홈페이지(http://seoji.nl.go.kr)와 국가자료종합목록시스템(http://www.nl.go.kr/kolisnet)에서 이용하실 수 있습니다.
(CIP제어번호 : CIP2019009640)

참고문헌

1. 田中耕司,『自然と結ぶ:「農」にみる多様性』, 昭和堂, 2000

2. 伊那谷自然友の会,『野山の薬草』, 農山漁村文化協会, 1990

3. 小松昌幸,『豆を蒔くとき,三粒ずつ蒔け』, 光雲社, 1988

4. 柳田国男,『豆の葉と太陽』, 筑摩書房, 1998

5. 辻信一,『ピースローソク』, ゆっくり堂, 2009

6. 木村尚三郎,『美しい「農」の時代』, ダイヤモンド社, 1998

7. ライフシードネットワーク,『雑穀つくり方・生かし方』, 創森社, 1999

8. 藤井孝一,『週末起業』, 筑摩書房, 2003

9. Ernst F. Seiler,『ザイラー夫婦の晴耕雨奏』, 立風書房, 1992

10. 川喜田二郎,『野性の復興』, 祥伝社, 1995

11. 中川李枝子,『ぐりとぐらの1ねんかん』, 福音館書店, 1997